U0904388

技工院校通用职业素质课程实验

就业指导与实训教案汇编

主　编　贾　瑛
副主编　白小华　刘宏磊
参　编　吴生发　张小波　王　婷

中国劳动社会保障出版社

简介

本教案汇编是技工院校通用职业素质课程实验教材《就业指导与实训》的配套用书。本书紧扣教学要求，内容编制依照就业准备、求职技巧、初入职场教材单元顺序展开。配套资源可登录http://jg.class.com.cn，在对应的书目中下载。

本教案汇编由贾瑛主编，白小华、刘宏磊为副主编，吴生发、张小波、王婷参加编写（副主编、参编姓名均按照章节的先后顺序排列）。蔡芝亮担任主审。

图书在版编目(CIP)数据

就业指导与实训教案汇编/贾瑛主编. -- 北京：中国劳动社会保障出版社，2021

技工院校通用职业素质课程实验

ISBN 978-7-5167-5130-5

Ⅰ.①就… Ⅱ.①贾… Ⅲ.①职业选择-技工学校②教案（教育）-汇编-技工学校 Ⅳ.①G718.1

中国版本图书馆 CIP 数据核字(2021)第 240197 号

中国劳动社会保障出版社出版发行

（北京市惠新东街 1 号 邮政编码：100029）

*

北京虎彩文化传播有限公司印刷装订 新华书店经销

787 毫米×1092 毫米 16 开本 10.25 印张 188 千字

2021 年 12 月第 1 版 2022 年 5 月第 2 次印刷

定价：29.00 元

读者服务部电话：（010）64929211/84209101/64921644

营销中心电话：（010）64962347

出版社网址：http://www.class.com.cn

http://jg.class.com.cn

目　录

第一单元　就业准备

第一课　开启人生职业旅程

<table>
<tr><td>教学单元/课</td><td>第一单元　第一课　开启人生职业旅程</td><td>课时</td><td colspan="3">2</td></tr>
<tr><td>授课方式</td><td>案例法、讨论法、讲授法、活动法</td><td>作业题数</td><td>2</td><td>拟用时间</td><td>90 分钟</td></tr>
<tr><td>教学目的</td><td>1. 课前，让学生了解就业对于实现人生价值的重要意义，了解技术人才的就业形势和相关就业政策
2. 课中，指导学生掌握确定职业目标的方法，树立职业发展的规划意识
3. 课后，帮助学生建立职业期待，树立求职信心，并在求职中保持良好的就业心态</td><td>教学资源</td><td colspan="3">1. PPT 课件
2. 视频资料《王宝强的坎坷成名路》
3. 调查问卷
4. 学业评价表</td></tr>
<tr><td>教学重点</td><td>使学生了解就业对于实现人生价值的重要意义</td><td>教学难点</td><td colspan="3">使学生掌握确定职业目标的方法，树立职业发展规划意识</td></tr>
<tr><td>说明</td><td colspan="5">1. 离开学校、走上工作岗位是人生中的重大转折。在这个重要时期，引导学生树立正确的职业观、做好职业规划，关心学生的求职心态，是非常必要的
2. 教师在教学中要关注学生的困惑，让学生讲出内心的想法，并及时捕捉有针对性的问题，引导学生形成健康的职业观和乐观向上的求职心态
3. 为了更好地了解学生的就业心态，引导学生树立明确的求职目标，教师在教学中另外加入了一些案例和讨论活动</td></tr>
</table>

新课导入（讨论法，10 分钟）

（学习方法：4~5 人为一组，组成学习小组。每个小组在老师提出的问题中自选一题进行讨论，并推选代表发言，最后由教师点评总结，引出课题。注意保证每道问题至少有一个小组讨论。）

师问 1：即将离开校园，你觉得在技工学校学习这几年，最大的收获是什么？

小组答 1：在技工学校的学习过程中，我们对本专业的知识和技能有了初步了解和掌握，还有就是通过学校提供的各种平台，锻炼了自己的综合能力，如沟通表达、组织协调、交往与合作，以及执行能力等，而且大家也感觉在学校收获了真诚的友谊，我们的同学以后都可能是我们人生和职业之路上相互扶持的伙伴。

师问 2：面对求职就业，你有哪些困惑？需要哪些帮助？

小组答 1：即将走上工作岗位，大家还是有些忐忑的，不知道自己能不能找到一份适合自己的工作，能不能胜任这份工作，是不是能较好地处理未来职场中的人际关系，等等。

我们希望老师能指导我们怎样求职，以及如何适应职场。

小组答 2：我们组同学的主要困惑在于怎样确定什么样的工作更适合自己，如何做一份优秀的简历，在面试中怎样才能更好地发挥。

我们希望老师能指导我们确定求职目标、制作求职简历、做好面试准备。

师问 3：对未来的职业发展，你有什么设想？

小组答 1：我们小组有的同学想在本专业领域发展，也有同学想做其他方面的工作，但我们都认为要能吃苦、有耐心，从基础做起，不断提升自己。

小组答 2：我们小组大部分同学选择就业，也有同学想创业。我们觉得刚开始肯定都会有困难，但是只要用心做，不断学习，一定能干出一番事业。

师总结：通过你们的发言老师了解到，每个同学在技校学习期间都有自己的收获，这是我们就业的本钱。同时，老师也了解到大家面对就业的一些困惑，以及期待得到的帮助。相信这些不只是发言的同学的困惑，而是所有面临毕业实习的同学们的困惑。我们这门课程，正是要和大家一起来分析和解决这些问题的。面对就业，尽管我们还有这么多的困惑，但是同学们对未来的职业发展都抱有美好的期待。那么，我们技校毕业生应如何实现自己的人生价值呢？该怎样规划自己的职业生涯？又该以怎样的心态面对当下的求职就业呢？

请看我们今天的学习内容。

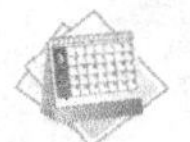

新课进程（70 分钟）

一、踏上工作之旅，规划职业之路

（一）人为什么要工作（案例法+讨论法，25 分钟）

（学习方法：1. 阅读课本中的《杭州“90 后”技校生靠汽修逆袭人生》，思考杨广的经历给你什么启发，工作给杨广带来了什么？自由发言。2. 小组讨论：你希望从工作中获得什么？3. 课堂分享：我的职业偶像。自由发言。）

1. 思考：杨广的经历给你什么启发，工作给杨广带来了什么？

（1）读案例的感悟

①无论上大学还是上技校，只要肯努力，都可以有光明的职业前景。

②选择职业时只有结合自己的兴趣、个性等，才能更好地发挥自己的优势。

③明确的职业目标很重要。

（2）工作给杨广带来了什么？

①工资收入、购房补贴。

②荣誉和成就感。

2. 小组讨论：你希望从工作中获得什么？

在我们的人生中，工作将伴随我们三四十年，我们为工作付出努力和汗水，工作也为我们带来满足和收获。请小组讨论，你希望从工作中获得什么？

人生的黄金时段离不开工作

小组答 1：我们希望能通过工作获得丰厚的收入，给家人带来富裕的生活；也希望能在工作中取得成就，实现自己的人生价值。

小组答 2：我们希望能在工作中获得合理的报酬，拓展自己的人际关系。通过工作中的晋升和成就，获得别人的尊重。

【人为什么要工作】

（1）工作能满足个体生存的基本需求。

（2）工作能体现人的社会价值。

（3）工作能促进人的全面发展。

3. 课堂分享：我的职业偶像

很多人在工作中成就了自己，是我们学习的榜样。他们可能是敢医敢言、临危受命的钟南山，也可能是忧国忧民、90 岁高龄仍劳作在田间的袁隆平，还可能是工作中兢兢业业的亲人、师长，更可能是热情好学、积极上进的师兄、师姐……

请分享你的职业偶像，说说他们的故事，以及他们让你敬佩的地方。

（二）如何规划职业之路（案例法+讨论法，30 分钟）

1. 视频引入：《王宝强的坎坷成名路》

（学习方法：观看视频《王宝强的坎坷成名路》（约 15 分钟），了解王宝强的成名经历后，同学们有什么感悟？自由发言。）

生答 1：王宝强的成名经历让我非常感动，他虽然出身草根、经历坎坷，但是不改初心，为了实现梦想不懈努力，让人佩服。

生答 2：了解了王宝强的成名经历，我相信他的成功不是偶然的。虽然他是幸运的，但机会总是留给有准备的人，如果王宝强没有坚定的信念和为了信念执着追求的精神，相信就不会有现在的他。

2. 如何确立自己的职业目标

（学习方法：王宝强小时候看了电影《少林寺》，由此萌生了演电影的职业梦想。请同学们自学课本相关内容，思考并讨论：我们如何确立自己的职业目标？派代表发言。）

第一步，结合自己所学专业，查找目前社会上有哪些相关的工作单位和职业岗位。

第二步，向班主任老师或者学校就业指导中心的老师询问前几届毕业的学长学姐们都进入了哪些行业，从事什么工作。如无意外，我们的求职范围也会和他们差不多。

第三步，比对自己的专业、特长、教育背景、爱好等，确定自己的“对口职业”。

第四步，找到自己想从事的职业后，可能暂时还没有机会进入该职业所属行业，这时要多向这个行业的前辈了解情况，努力学习相关知识，让自己在正式进入行业之前心里有一定的底气。

第五步，在进入行业之后，慢慢观察该行业的发展情况，并结合自身优势，做好职业规划。

二、保持良好的就业心态（讨论法，15 分钟）

［学习方法：课前请同学们登录问卷星平台，完成问卷“就业心态调查”（有多选题），课上公布调查结果。请同学们思考并讨论：应该怎样保持良好的就业心态？小组选代表回答。］

（一）调查结果①

1. 就业信心

调查显示：就业信心方面，大部分学生比较乐观，认为可以找到工作；比较焦虑的学生占 18.32%；还有 12.5%的学生表示害怕找不到工作（见图 1）。

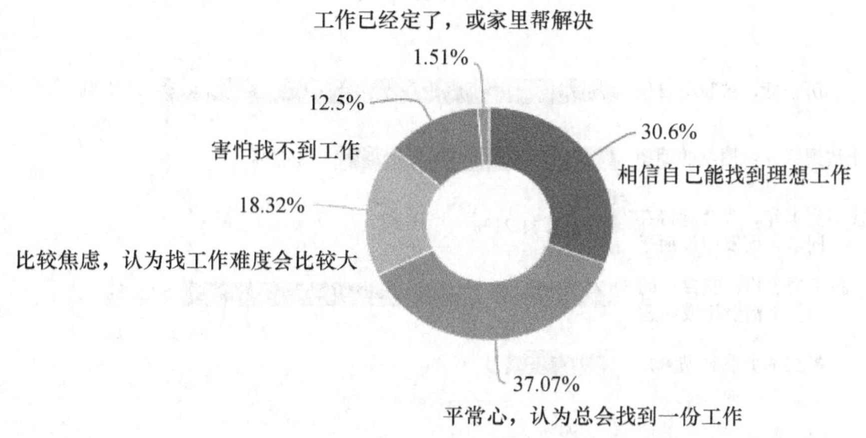

图 1　就业信心调查结果

2. 就业期望

调查显示，学生求职时最看重的因素依次为工资和福利、发展机会、工作氛围、工作地点和专业对口；相对不太看重的因素是公司有实力和工作轻松（见图 2）。

3. 就业压力

学生在就业中面临的内、外压力，主要包括对学历不自信、找不到工作自己的生活费用成问题和担心不能达到家人、朋友的期望等，也有部分学生面临找不到工作会在同学、朋友中没面子，或补贴家用的压力（见图 3）。

4. 就业目标

调查显示，只有 14.44%的学生有明确的目标，大部分学生只有大概的方向，还有些同学对就业目标比较迷茫（见图 4）。

---

① 数据源于广东省电子商务技师学院白小华老师。

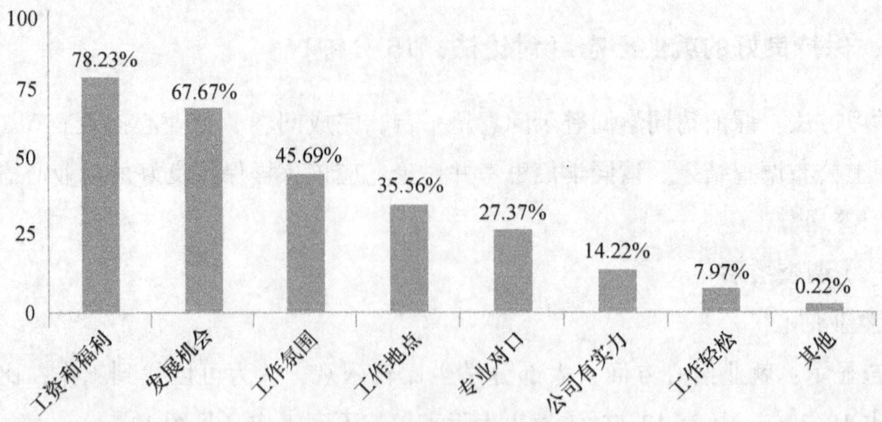

图 2　就业期望调查结果

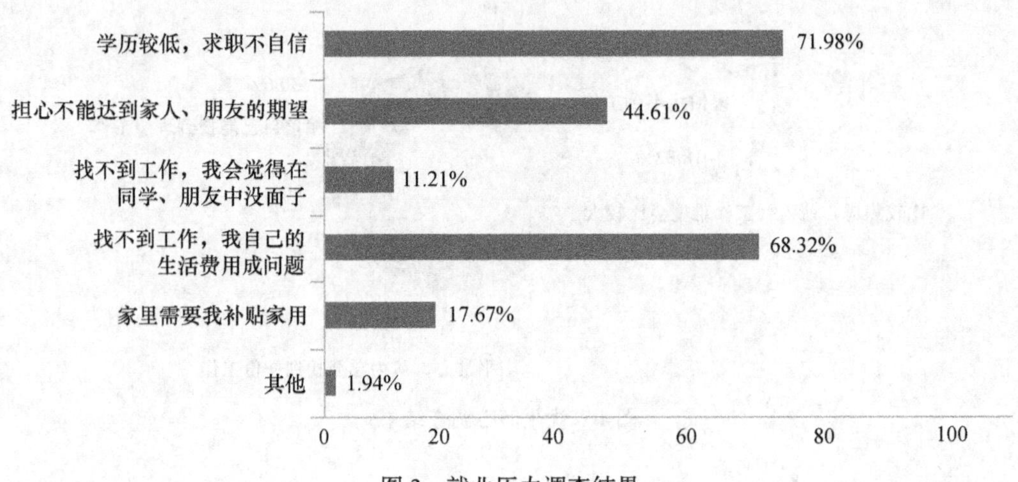

图 3　就业压力调查结果

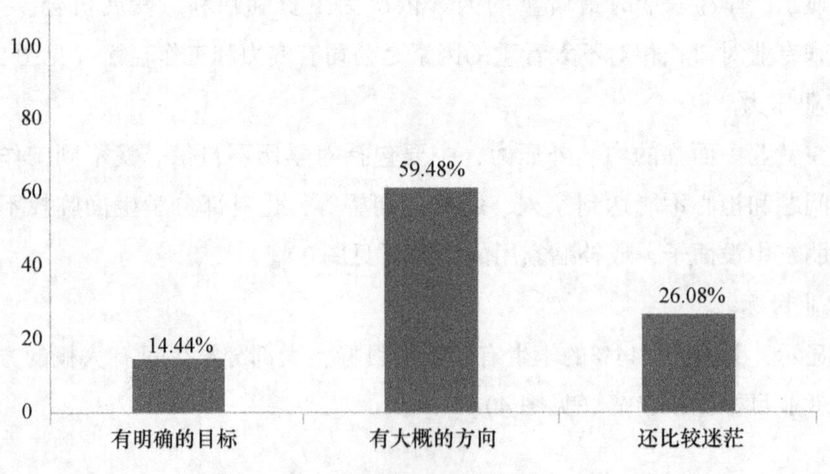

图 4　就业目标调查结果

5. 就业准备

截至调查结束，有 53. 02%的学生虽然考虑过就业问题，但没有行动；有 6. 25%的学生已经做了较多准备（见图 5）。

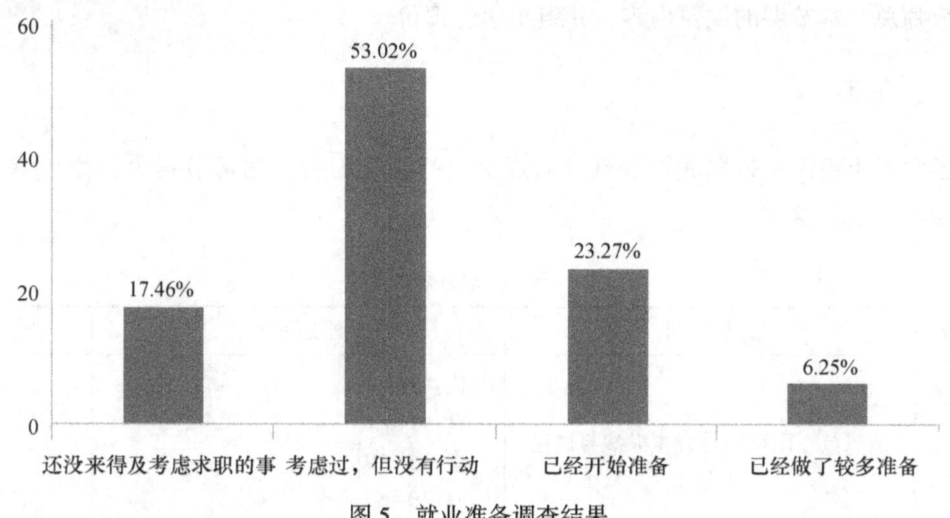

图 5　就业准备调查结果

6. 就业困难应对

在被问到如果求职遇到困难会怎么做时，有 39. 83%的学生表示会降低就业期望，有 38. 56%的学生会选择坚持目标，有 20. 76%的学生表示会向他人求助，而只有 0. 85%的同学会选择暂时不找了（见图 6）。

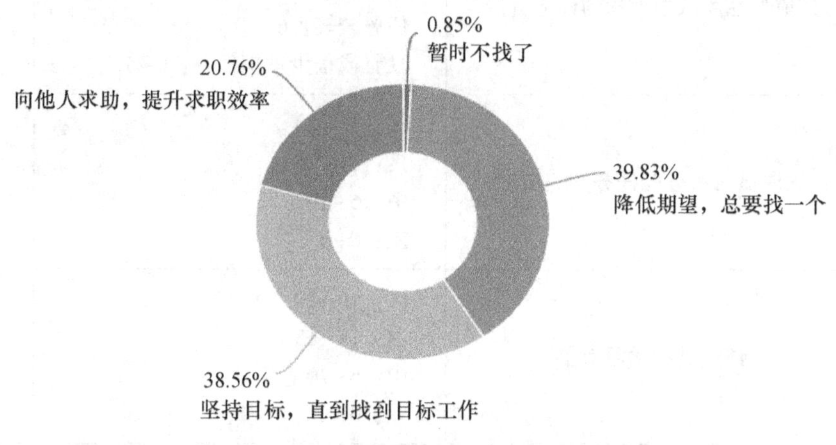

图 6　就业困难应对调查结果

（二）小组讨论：应该怎样保持良好的就业心态？

1. 进行合理的自我定位。

2. 学会应对求职失败。

3. 及时总结经验教训。

4. 永不止步，适时调整。

新课小结（7 分钟）

教师总结本节课的主要内容，并组织学业评价。

一、他评

各学习小组组长根据成员表现，对成员进行量化打分，这部分得分占学生课堂评分的 40%。详见表 1。

表 1 他评表

序号	评价项目	评分标准	得分
1	该成员在团队中是否积极参与讨论	优：16~20 良：11~15 中：6~10 差：0~5	
2	该成员在团队中是否服从安排	优：16~20 良：11~15 中：6~10 差：0~5	
3	该成员在团队中承担的任务分量	任务重：16~20 任务较重：11~15 任务较轻：6~10 没有或很少承担任务：0~5	
4	该成员对所分配任务的完成度	优：16~20 良：11~15 中：6~10 差：0~5	
5	该成员的学习效果	优：16~20 良：11~15 中：6~10 差：0~5	
他评总分			

二、自评

学生根据自己的课堂表现进行自评，这部分得分占学生课堂评分的 20%。详见表 2。

表2　自评表

序号	评价项目	评分标准	得分
1	本人在整个课堂活动中的表现是否积极主动	优：16~20 良：11~15 中：6~10 差：0~5	
2	本人在团队中是否服从安排	优：16~20 良：11~15 中：6~10 差：0~5	
3	与其他成员相比，本人在团队中承担的任务分量	任务重：16~20 任务较重：11~15 任务较轻：6~10 没有或很少承担任务：0~5	
4	本人对所分配任务的完成度	优：16~20 良：11~15 中：6~10 差：0~5	
5	本人对课堂学习内容的理解和掌握程度	优：16~20 良：11~15 中：6~10 差：0~5	
自评总分			

三、师评

教师根据各小组的课堂表现，对学生进行学业评价，这部分得分占学生课堂评分的40%。详见表3。

表3　师评表

组别	评价项目	评分标准	得分
第　组	团队精神（40）	团队成员参与度高，有好的合作态度和集体荣誉感	
	创新精神（30）	观点合情合理，有一定的创新性，令人耳目一新、颇有启发	
	表达能力（30）	积极发言，表达流畅，声音洪亮，仪态大方	
	师评总分		

课堂评分=他评总分×40%+自评总分×20%+师评总分×40%=________

四、教师根据学生课前课后作业完成情况进行评分（课外时间完成）

相关内容详见表4。

表4 课前课后作业评价表

学号	姓名	作业得分 优：91~100 良：81~90 中：61~80 差：0~60	备注

个人总分=课堂评分×70%+作业得分×30%

五、教师将学生本堂课的个人总分登记在本课程的课堂评价表中，期末计算学期平均分，这部分得分占本科目期末成绩的40%（课外时间完成）

相关内容详见表5。

表5 课堂评价表

学号	姓名	第一周	第二周	……	……	……	……	学期总分	学期平均分	备注

作业布置（3分钟）

1. 自学课本中的“了解就业形势与政策”，小组分工合作，通过网络、报纸、调查等了解本省、本市技工学校毕业生的就业形势和技能型人才的就业政策，并以小组为单位提交一份调查报告。

2. 预习课本“第二课　全面探索认知自我”中“兴趣探索”的内容，并在此基础上思考自己感兴趣的职业。

板书设计

第一单元　第一课　开启人生职业旅程

【问题思考】

1. 即将离开校园，你觉得在技工学校学习这几年，最大的收获是什么？
2. 面对求职就业，你有哪些困惑？需要哪些帮助？
3. 对未来的职业发展，你有什么设想？

一、踏上工作之旅，规划职业之路

（一）人为什么要工作（本课重点）

1. 《杭州“90后”技校生靠汽修逆袭人生》带给我们的启示。
2. 小组讨论：你希望从工作中获得什么？
3. 课堂分享：我的职业偶像。

（二）如何规划职业之路（本课难点）

1. 《王宝强的坎坷成名路》带给我们的感悟。
2. 小组讨论：如何确立自己的职业目标？

二、保持良好的就业心态

1. 就业心态调查结果分享。
2. 小组讨论：应该怎样保持良好的就业心态？

三、总结与评价（教师总结+发放评价表）

四、作业布置

第二课　全面探索认知自我（一）

<table>
<tr><td>教学单元/课</td><td>第一单元　第二课　全面探索认知自我（一）</td><td>课时</td><td colspan="3">2</td></tr>
<tr><td>授课方式</td><td>情境法、活动法、讨论法、案例法</td><td>作业题数</td><td>2</td><td>拟用时间</td><td>90 分钟</td></tr>
<tr><td>教学目的</td><td>1. 课前，引导学生了解兴趣等自我因素对职业生涯发展的影响
2. 课中，指导学生掌握探索个人兴趣的基本方法，能通过不断的努力，稳定和强化自己的兴趣
3. 课后，帮助学生在自我认知中找到方向，强化兴趣与自信</td><td>教学资源</td><td colspan="3">1. PPT 课件
2. 视频资料《哈佛学霸转行做餐饮，打造自己的甜品王国》
3. 兴趣寻宝图
4. 学业评价表</td></tr>
<tr><td>教学重点</td><td>引导学生了解自己的兴趣，会用一些基本的方法和技巧探索自我</td><td>教学难点</td><td colspan="3">引导学生在了解自己兴趣的基础上，初步探索自己的职业方向</td></tr>
<tr><td>说明</td><td colspan="5">1. 课堂活动的形式有助于激发学生的学习兴趣，提升学生的课堂参与度
2. 教师要帮助学生将对自己兴趣的了解与职业目标的探索联系起来，在多角度认识自己的过程中明确职业方向
3. 基于教学需要，教师按照霍兰德职业兴趣类型对学生进行临时分组</td></tr>
</table>

新课导入（情境法，5 分钟）

（学习方法：学生选择情境中的某个岗位并阐述选择该岗位的原因。自由发言。）

情境：下个学期同学们就要走上实习岗位了。有一家电商企业来我校招聘，提供了两个岗位，请同学们了解岗位信息，思考你会选择哪个岗位，以及为什么这样选择。

岗位一：美工/平面设计（健康食品类）

岗位职责：负责项目实景及品牌故事图片的拍摄、剪辑，制作活动页面，完成各种动、静态广告图片的设计并配合营销部对图片进行有针对性的优化、排版。

任职要求：

1. 具有较强的审美能力、色彩运用能力和设计创意能力。

2. 熟练使用 Photoshop、Flash 等相关设计软件。

3. 为人踏实，工作细心、耐心，勤奋好学，具有良好的团队合作精神。

岗位二：网店售前、售后客服（护肤美妆类）

岗位职责：负责售前沟通、售中介绍、售后服务，解答顾客对产品的疑问；热情并准确地回答顾客问题；处理客户提出的退换货、投诉等问题。

任职要求：

1. 熟练掌握电脑操作方法，能使用基本的网络沟通工具，打字速度较快。

2. 善于沟通，乐于倾听，待人热情，有良好的服务意识。

3. 热爱电商行业，乐观积极，善于调节情绪。

【参考回答】

生答 1：我会选择岗位一——美工/平面设计。因为我比较喜欢摄影、绘画，曾参加摄影比赛，获得过比较好的成绩。而且，我可以很熟练地运用 Photoshop 软件，会编辑图片。我还很有耐心，可以连续处理图片几个小时以上。

生答 2：我会选择岗位二——售前、售后客服。因为我对护肤美妆很感兴趣，平时比较喜欢去了解和试用各种化妆品，朋友有这方面的问题也喜欢问我，我会给她们一些建议，感觉自己在沟通方面还是可以的，打字也比较快。

生答 3：我两个都不想选。做美工，我感觉可能会比较枯燥，不知道自己能不能有这个耐心；做客服，我不太喜欢沟通协调，我性格比较直，有时候说话并没那么委婉。

师问：感谢几位同学的分享，请同学们想一想，你在选择或者不选择一个岗位的时候考虑了哪些因素呢？是依据什么来做出决定的呢？

生答：考虑了自己的兴趣爱好、能力特长，还有性格特点、岗位的要求等。

师总结：感谢同学们的发言，没错，不同的岗位对于求职者有不同的要求，每个求职者也有不同的兴趣爱好、能力特长和性格特点，只有两者相匹配，才是最适合的。所以，明确职业方向之前，我们需要对自己有一个全面、准确的了解，同时也需要对想要从事的职业进行分析。本节课先带领大家一起全面探索认知个人兴趣及其与职业生涯的关系。

新课进程（75 分钟）

一、兴趣与职业的关系（案例法，8 分钟）

（学习方法：阅读课本案例《兴趣引领的人生更富张力》，观看视频《哈佛学霸转行做餐饮，打造自己的甜品王国》，思考兴趣对个人的职业选择和发展有哪些影响。自由发言。）

【参考回答】

兴趣对个人职业选择和发展的影响主要表现在以下几个方面。

1. 兴趣是职业选择的重要依据。
2. 兴趣可以提升职业能力。
3. 兴趣是保证职业稳定的重要因素。
4. 兴趣可以提高人的工作效率和职业适应力。

二、探索兴趣的方法

（学习方法：通过“兴趣寻宝图”“兴趣岛漂流记”两个课堂活动，进行个人兴趣探索。小组内自由发言，以小组为单位展示。）

【课堂活动一】兴趣寻宝图（活动法，15 分钟）

1. 请在“兴趣寻宝图”（详见图 1）上写下你曾经做过的自认为很有趣的 5 件事，越具体越好。（例如，玩儿闯关游戏，看动画片，做美食甜点，和朋友一起跑马拉松，养宠物狗，等等。）

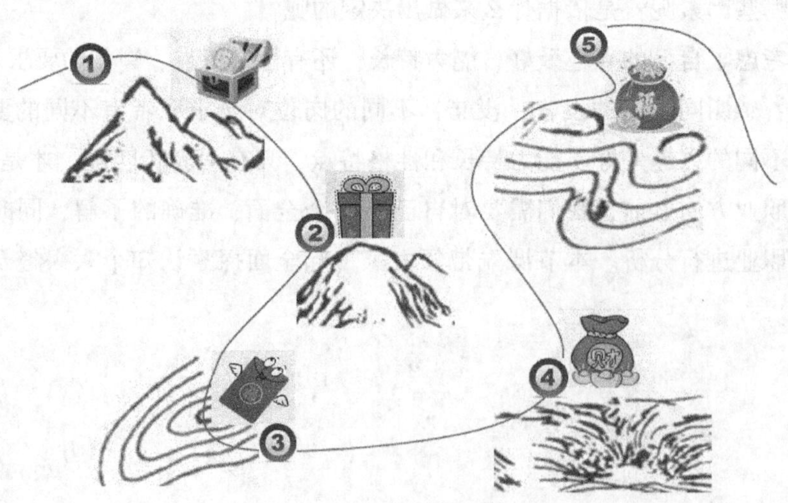

图 1　兴趣寻宝图

2. 请选出你愿意去重复或持续做，并愿意付出精力做好的 3 件事。

3. 请把 3 件事中你感兴趣的“点”写出来。（例如，闯关游戏的兴趣点是可以体会到过关的成就感，以及和队友联机作战的乐趣；和朋友跑马拉松的兴趣点是享受挑战自我的成就感、友谊的亲密感；养宠物狗的兴趣点是喜欢那种照顾弱小的感觉和享受亲密感等。）

4. 请把这些兴趣点的相似之处找出来，并用线连起来。（例如，闯关游戏的成就感——马拉松的成就感；和朋友跑马拉松的亲密感——和宠物的亲密感。）

5. 自由发言，分享你的兴趣地图，以及其中蕴含的你的兴趣倾向。

【课堂活动二】兴趣岛漂流记（活动法，40 分钟）

暑假来临，你报了一个旅行团开启了浪漫的海上之旅。然而，途中由于游轮触礁，包括你在内的所有游客不得不上岛。船长通过广播告诉大家：“乘客们，我们的游轮触礁了，但大家不要惊慌，我们很幸运地离 6 个岛屿很近，每个乘客可以选择登陆其中任意一个小岛，我会一一向大家介绍每个岛上的情况。由于这里比较偏远，等来救援的可能性很小，如果将要在岛上度过余生，你会选择哪个岛屿呢?”

1. 请同学们阅读课本中关于 6 个岛屿的情况描述。

2. 每位同学按自己的首选岛屿分组就座。

3. 分组后，请用 15 分钟时间建设本岛团队文化，要求如下。

（1）与其他岛民交流，分享自己选择这个岛屿的原因，看看大家有什么共同的兴趣爱好。

（2）大家一起选出岛主，给本岛命名，并在大白纸上画一个代表本岛特色的标志物。

（3）结合课本中的“霍兰德职业兴趣理论类型描述”和“兴趣寻宝图”活动中自我探索的结果，初步设想自己有哪些想从事的职业并相互分享建议。

4. 各组上台展示本岛的岛名、标志物，以及岛民的兴趣爱好和想从事的职业（每组 3 分钟以内）。

三、强化兴趣（讨论法，12 分钟）

（学习方法：组内进行自学、讨论，分享强化个人兴趣的做法，每组评选出“兴趣强化之星”。教师抽选两名“兴趣强化之星”，请他们向全班分享经验。）

【课堂活动三】评选“兴趣强化之星”

兴趣是最好的老师，自己感觉有趣的事情总能吸引我们的注意力，但要想让兴趣引导我们成就更好的自己，还需要我们付出精力和努力，把一时的兴趣变成持久的乐趣，甚至变成能给我们提供源源不断动力的志趣。

1. 请同学们阅读课本中“巩固和培养兴趣”的相关内容，思考如何强化自己的兴趣，让一时的兴趣稳定下来，并成为促进职业发展的志趣。

2. 小组成员互相分享强化个人兴趣的做法。每组推选一位“兴趣强化之星”。

3. 教师抽选两名“兴趣强化之星”，让其向全班分享强化个人兴趣的经验。

新课小结（7分钟）

教师总结本节课的主要内容，并组织学业评价。

个人总分=个人发言评分×20%+课堂评分×50%+作业得分×30%。

课堂评分=他评总分×40%+自评总分×20%+师评总分×40%

一、老师根据分组前学生参与学习活动和发言情况打分

相关内容详见表1。

表1 个人发言评分表

学号	新课导入	案例学习	兴趣寻宝图	得分（0~20）

二、各兴趣岛的“岛主”根据“岛民”的表现，对每个“岛民”进行量化打分，这部分得分占学生课堂评分的40%

相关内容详见表2。

表2 他评表

序号	评价项目	评分标准	得分
1	该成员在团队中是否积极参与讨论	优：16~20 良：11~15 中：6~10 差：0~5	
2	该成员在团队中是否服从安排	优：16~20 良：11~15 中：6~10 差：0~5	
3	该成员在团队中承担的任务分量	任务重：16~20 任务较重：11~15 任务较轻：6~10 没有或很少承担任务：0~5	
4	该成员对所分配任务的完成度	优：16~20 良：11~15 中：6~10 差：0~5	
5	该成员的学习效果	优：16~20 良：11~15 中：6~10 差：0~5	
他评总分			

三、学生根据自己的课堂表现进行自评，这部分得分占学生课堂评分的20%

相关内容详见表3。

表3 自评表

序号	评价项目	评分标准	得分
1	本人在整个课堂活动中的表现是否积极主动	优：16~20 良：11~15 中：6~10 差：0~5	

续表

序号	评价项目	评分标准	得分
2	本人在团队中是否服从安排	优：16~20 良：11~15 中：6~10 差：0~5	
3	与其他成员相比，本人在团队中承担的任务分量	任务重：16~20 任务较重：11~15 任务较轻：6~10 没有或很少承担任务：0~5	
4	本人对所分配任务的完成度	优：16~20 良：11~15 中：6~10 差：0~5	
5	本人对课堂学习内容的理解和掌握程度	优：16~20 良：11~15 中：6~10 差：0~5	
自评总分			

四、教师根据各“兴趣岛”上“岛民”的课堂表现，对其进行学业评价，这部分得分占学生课堂评分的40%

相关内容详见表4。

表4 师评表

岛名	评价项目	评分标准	得分
兴趣岛	团队精神（40）	“岛民”参与度高，有好的合作态度和集体荣誉感	
	团队成果（30）	完整完成课堂任务，积极展示讨论成果，有一定的创新性	
	表达能力（30）	积极发言，表达流畅，声音洪亮，仪态大方	
	师评总分		

课堂评分=他评总分×40%+自评总分×20%+师评总分×40%=________

五、教师根据学生课前课后作业完成情况进行评分（课外时间完成）

相关内容详见表5。

表5 课前课后作业评价表

学号	姓名	作业得分	备注
		优：91~100 良：81~90 中：61~80 差：0~60	

六、教师将学生本堂课的个人总分登记在本课程的课堂评价表中，期末计算学期平均分，这部分得分占本科目期末成绩的40%（课外时间完成）

相关内容详见表6。

表6 课堂评价表

学号	姓名	第一周	第二周	……	……	……	……	学期总分	学期平均分	备注

作业布置（3分钟）

1. 在互联网上搜索并完成“霍兰德职业兴趣测评”问卷，进一步明确自己的职业兴趣。

2. 预习课本P22~P34中的“选我所适——性格探索”“选我所长——态势分析”，

梳理自己的性格优势与劣势，并在此基础上思考自己的职业目标。

板书设计

第一单元　第二课　全面探索认知自我（一）

情境思考：你会选择哪个岗位呢？

下个学期同学们就要走上实习岗位了。有一家电商企业来我校招聘，提供了两个岗位，请同学们了解岗位信息，思考你会选择哪个岗位，以及为什么这样选择。

一、兴趣与职业的关系

二、探索兴趣的方法（本课重点、难点）

1. 课堂活动一：兴趣寻宝图。
2. 课堂活动二：兴趣岛漂流记。

三、强化兴趣

1. 组内分享强化个人兴趣的做法。
2. 每组评选出“兴趣强化之星”。
3. 抽选的两名“兴趣强化之星”向全班分享经验。

四、总结与评价（教师总结+发放学业评价表）

五、作业布置

第二课　全面探索认知自我（二）

<table>
<tr><td>教学单元/课</td><td>第一单元　第二课　全面探索认知自我（二）</td><td>课时</td><td colspan="3">2</td></tr>
<tr><td>授课方式</td><td>案例法、讨论法、测评法、自主学习法、任务驱动法</td><td>作业题数</td><td>2</td><td>拟用时间</td><td>90 分钟</td></tr>
<tr><td>教学目的</td><td>1. 课前，引导学生提前了解个人性格的优势、劣势等自我因素对职业生涯发展的影响
2. 课中，指导学生掌握了解个人性格的基本方法，能运用 SWOT 分析工具多角度、多途径认识自己
3. 课后，鼓励学生在自我认知中找到方向，强化求职自信，树立正确的择业观</td><td>教学资源</td><td colspan="3">1. PPT 课件
2. 视频资料《周瑜分析利弊劝孙权应战曹操》
3. MBTI 职业性格及适合职业解析
4. 职业匹配分析表
5. 我的 SWOT 分析表
6. 学业评价表</td></tr>
<tr><td>教学重点</td><td>指导学生了解自己的性格优势及劣势，用一些基本的方法和技巧探索自我</td><td>教学难点</td><td colspan="3">引导学生在了解自我的基础上，进一步探索自己的职业方向</td></tr>
<tr><td>说明</td><td colspan="5">1. 教师要帮助学生将对个人性格优势与劣势的了解和职业目标的探索联系起来，在多角度认识自己的过程中明确职业方向
2. 基于教学需要，本节课学生按照常规座位就座，需要讨论的部分可采用同桌讨论的形式</td></tr>
</table>

新课导入（案例法，5 分钟）

（学习方法：分析《西游记》中师徒四人的性格，自由发言。）

《西游记》中师徒四人组成了取经团队，经过种种努力，历经九九八十一难，最终取得真经。这是一个成功的团队。请同学们思考，师徒四人如果在现代，分别适合什么工作。为什么？

生答 1：我认为唐僧适合做公务员，因为他思想很端正，为国家着想，愿意听从上级的指挥；孙悟空适合从事 IT 行业，因为他业务能力很强，看重事业成就感，而且比较喜欢自由；猪八戒适合做营销人员，因为他很会讨好别人；沙僧适合做后勤人员，他勤勤恳恳，吃苦耐劳，关心同事。

生答2：我认为唐僧如果在现代适合做外交官，因为他很有原则，而且很会讲道理，能够说服别人；孙悟空适合做经理，因为他很有才，也很喜欢表现自己；猪八戒适合做人力资源管理，因为他口才不错；沙僧适合做仓库管理员，因为他比较踏实，身体健康，而且诚实正直。

师总结：感谢同学们的回答，同学们在为师徒四人分配职业的过程中，分别对他们的性格、能力等方面进行了分析。职业的选择不仅和个人兴趣有关联，和我们的性格、能力等多种因素也是息息相关，这节课我们就一起探讨如何结合这些因素进行职业规划。

新课进程（75分钟）

一、选我所适——性格探索

（一）性格与职业的关系（自主学习法，8分钟）

（学习方法：学生自学课本中的“性格与职业的关系”，思考什么是性格，性格与职业有什么关系。自由发言。）

生答1：性格是每个人在对人、对事的态度和行为方式上表现出的个性特征，如刚强、懦弱、开朗、孤僻等。不同性格类型的人适合不同的职业环境。另外，从事某种特定职业的人，也应按照职业的要求不断优化自己的性格。

生答2：性格是一个人为人处事的风格和特点，人们的某些性格特征可能会给其从事某些工作带来便利，而不同的工作可能也需要不同性格特征的人来承担。个性和职业相匹配才能达到良好的工作效果，促进个人发展。

（二）性格探索的方法（测评法，15分钟）

（学习方法：通过课堂测评，探索个人的性格，并思考个人的职业选择和发展方向。自由发言。）

【课堂测评】性格探索之旅

假设你外出郊游，来到一栋楼房前。走进一楼，你看到两个房间：一个房间（E），有很多人在聚会，气氛很热闹；另一个房间（I），人比较少，可以自由地上网、看书、听歌等，可以做自己的事情。

请问：你会选择进入哪个房间呢？请把代表该房间的字母写下来。

你来到二楼，看到走廊贴着一张告示，说某个房间昨天丢了东西，房间的人当时有短暂的离开，门当时没有锁，临街的窗户也是虚掩着的。那么，东西会是谁拿走了呢？

（S）证据不足，很难判断；（N）同房间或同栋楼的熟人作案。

请问：你更倾向哪种意见？请把代表你的选择的字母写下来。

你来到了三楼，听到一些人在计划周末出去玩儿的事情，但大家对于目的地意见不一：有人想去玩儿极限运动，但有人比较胆小；有人想去玩儿水上项目，但有人没有泳衣；还有人想去爬山，但个别人又觉得无聊。

（T）投票，少数服从多数；（F）分成两组或三组，各自去玩自己喜欢的。

请问：如果是你，你会选择哪种方案？请把代表你的选择的字母写下来。

你到达了顶楼四楼，看到一些店铺。你逛了一圈，看到几样东西，虽然不是必需品，但比较喜欢，可是你这个月的生活费所剩不多了。

（J）每个月的生活费及可能的花销已经做好计划，不想临时改变，不会买。

（P）喜欢就买，没钱可以去找个兼职做或想别的办法，没准儿有什么意外之财呢。

请问：你会怎么选择？请把代表你的选择的字母写下来。

根据学生每道题选择的字母，可能形成 16 种不同的组合，对应 MBTI 测试中的 16 种职业性格类型。

1. 请学生根据自己的职业性格类型，对照阅读相应的职业个性解释和职业推荐。

2. 请学生对上一次课思考的几个目标职业进一步进行筛选或修正，形成更加明确的职业目标。

3. 学生自由发言，分享自己的活动感受，介绍自己的个性和职业目标。

（三）性格的可塑性（案例法，10 分钟）

（学习方法：阅读课本中的“性格的可塑性”，自由发言。）

师问 1：看了任丹的案例，同学们受到什么启发？

生答 1：任丹的例子让我感觉性格不是一成不变的，在外界环境的熏陶下或者经过自己的努力后，性格是可以改变的。我们应该在生活、学习中不断完善自我。

生答 2：给我的启发是，即便我们在性格上没有与我们喜欢的职业完全吻合，但这并不表明我们一定做不好这份工作，只要经过锻炼和成长，性格也是可以逐渐适应职业要求的。

师问 2：如何调适、塑造自己的性格以适应职业的要求呢？

【参考回答】

1. 主动融入集体。

2. 勇于承担责任。

3. 勤于踏实做事。

4. 乐于主动学习。

二、选我所长——态势分析

（一）认识 SWOT 分析法（12 分钟）

（学习方法：观看视频资料《周瑜分析利弊劝孙权应战曹操》，引出 SWOT 分析法。）

Strength 自身具有的优势	Weakness 自身存在的劣势
Opportunity 外部环境中存在的机会	Threat 环境中存在的威胁

（二）如何运用 SWOT 分析法

【课堂活动】我的 SWOT 分析表（任务驱动法，20 分钟）

学生基于自己的目标职业，通过网络搜索，了解并归纳企业对该职业任职者的招聘要求（包括能力、个性、学历、证书、经验等），以及目标职业的行业发展前景等。然后，与自己目前的情况进行对照，找出自己的优势、劣势、已经具备的条件及尚不具备的条件，把它们填写在"职业匹配分析表"（见表 1）里，结合目标职业的岗位需求、行业发展前景等，完成"我的 SWOT 分析表"（见表 2），并自由发言分享。

表 1 职业匹配分析表

职业要求	要求细目	是否具备
能力要求	1. 2. 3. ……	
个性要求	1. 2. 3. ……	
学历要求		
证书要求	1. 2. 3. ……	

续表

职业要求	要求细目	是否具备
经验要求		
其他要求	1. 2. 3. ……	

表 2 我的 SWOT 分析表

优势	劣势
机会	威胁
SWOT 总体分析	

（三）运用 SWOT 分析法分析结果（案例法+讨论法，10 分钟）

（学习方法：自学课本相关内容，同桌讨论，并回答问题。）

请同学们自学课本中的《赵辉同学的求职就业 SWOT 分析与运用》，与同桌讨论回答以下问题：

1. 赵辉的 SWOT 分析中，对环境中的机遇和威胁做了哪些方面的分析？

2. 赵辉如何利用 SWOT 分析法的结果来指导自己的学习和成长？

3. 赵辉的 5 年职业生涯规划包括哪几个阶段？

4. 你觉得赵辉的 5 年职业生涯规划还有什么需要改进的？

【参考回答】

1. 赵辉的 SWOT 分析中，分析了国家的政策、学校教育条件、专业就业前景等方面的机遇，以及新增就业人口、企业对科技人才素质要求等方面的威胁。

2. 赵辉针对自己的优势、劣势、外部机遇和威胁，提出了要继续加强专业学习、社会实践，积累求职经验等优势机会策略，以及自主学习英语等优势威胁策略；针对自己的劣势、外部机遇和威胁，提出了要锻炼表达能力、积极参与职场体验等劣势机会策略，以及多参与集体活动、扩大人际交往圈等劣势威胁策略。

3. 赵辉的5年规划包括探索阶段——学生，进入阶段——求职者，新手阶段——职场新人，发展阶段——主管、骨干。

4. 赵辉的5年规划虽然分了4个阶段，但时间划分并不明确，应该具体到每个阶段用几年时间，才能更好地指导接下来的行动。

新课小结（7分钟）

教师总结本节课的主要内容，并组织学业评价。

学生个人总分=个人发言评分+课堂任务评分+作业得分×30%。

一、教师根据学生的课堂发言情况给予分数

本项满分20分。相关内容详见表3。

表3 个人发言评分表

学号	新课导入	自由发言	性格探索之旅	自由发言	我的SWOT分析表	自由发言	得分

二、教师根据学生的课堂任务完成表现给予分数，本项满分50分

相关内容详见表4。

表 4　课堂任务评分表

序号	评价项目	评分标准	得分
1	该同学积极完成自学任务	15	
2	该同学积极完成课堂活动任务	15	
3	该同学积极参与讨论	10	
4	该同学认真听老师讲解	10	
总分			

三、教师根据学生课前课后作业完成情况进行评分（课外时间完成）

相关内容详见表 5。

表 5　课前课后作业评价表

学号	姓名	作业得分	备注
		优：91~100　良：81~90　中：61~80　差：0~60	

个人总分 = 个人发言评分 + 课堂任务评分 + 作业得分 ×30%

四、教师将学生本堂课的个人总分登记在本课程的课堂评价表中，期末计算学期平均分，这部分得分占本科目期末成绩的 40%（课外时间完成）

相关内容详见表 6。

表 6 课堂评价表

学号	姓名	第一周	第二周	……	……	……	……	学期总分	学期平均分	备注

作业布置（3 分钟）

1. 参照赵辉的 SWOT 分析法的清单，结合自己的目标职业，完成自己的 SWOT 分析法清单。

2. 预习第三课内容，针对自己的目标职业开展岗位调查并形成调查报告，在下次课进行汇报。

岗位调查报告的主要内容包括以下几个方面。

（1）岗位名称。

（2）调查渠道和方法。

（3）岗位职责。

（4）岗位的任职要求。

（5）平均薪酬水平。

（6）职业发展通道。

（7）行业发展前景。

板书设计

第一单元 第二课 全面探索认知自我（二）

案例分析：

分析《西游记》中师徒四人的性格，自由发言。

一、选我所适——性格探索

（一）性格与职业的关系

（二）性格探索的方法（本课重点）

【课堂测评】性格探索之旅

（三）性格的可塑性

1. 主动融入集体。
2. 勇于承担责任。
3. 勤于踏实做事。
4. 乐于主动学习。

二、选我所长——态势分析

（一）认识 SWOT 分析法

（二）如何运用 SWOT 分析法（本课重点、难点）

【课堂活动】我的 SWOT 分析表

（三）运用 SWOT 分析法分析结果

附　件

MBTI 职业性格及适合职业解析

通过对照 4 个维度的描述，识别出自己在每个维度上的偏好，取每个维度上偏好类型的代表字母，即可由 4 个字母构成你的性格类型。例如，ISFJ，即内倾感觉情感判断型；ENFP，即外倾直觉情感知觉型。4 个维度、8 个端点可组合成 16 种性格类型，如下表所示，你必然属于其中的一种。

16 种性格类型表

内倾感觉思维判断（ISTJ）	内倾感觉情感判断（ISFJ）	内倾直觉情感判断（INFJ）	内倾直觉思维判断（INTJ）
内倾感觉思维知觉（ISTP）	内倾感觉情感知觉（ISFP）	内倾直觉情感知觉（INFP）	内倾直觉思维知觉（INTP）
外倾感觉思维知觉（ESTP）	外倾感觉情感知觉（ESFP）	外倾直觉情感知觉（ENFP）	外倾直觉思维知觉（ENTP）
外倾感觉思维判断（ESTJ）	外倾感觉情感判断（ESFJ）	外倾直觉情感判断（ENFJ）	外倾直觉思维判断（ENTJ）

一、ISTJ 型人的职业性格

1. 严肃、安静，凭借专注、全力投入以及可被信赖获得成功。
2. 行事务实、有序、实际、有逻辑、真实。
3. 工作、生活均有良好计划。
4. 负责任。
5. 照设定成效来做出决策且不畏阻挠与闲言，会坚定为之。
6. 重视传统与忠诚。

ISTJ 型人适合领域：工商业领域、政府机构、技术领域、医护领域等。

ISTJ 型人适合职业：会计、工程师、技术员、教师、图书管理员、调查员、医生、药剂师等。

二、ISFJ 型人的职业性格

1. 安静、和善、负责任。
2. 行事尽责、投入。
3. 常作为项目工作或团体中的安定力量。
4. 愿投入、能吃苦，做事力求精准。
5. 兴趣通常不在于科技方面，对细节事务有耐心。
6. 忠诚、考虑周到、知性且会关注他人感受。
7. 致力于创建有序、和谐的工作与家庭环境。

ISFJ 型人适合领域：医护领域、服务业领域等。

ISFJ 型人适合职业：行政管理人员、教师、项目经理、医生、护士、酒店管理人员、室内设计师等。

三、INFJ 型人的职业性格

1. 坚忍、有创意，具有必须成功的信念。
2. 在工作中投入最大的努力。
3. 默默地、用心地关心他人。
4. 因坚守原则而受敬重。
5. 提出造福大众的明确目标而为人所尊敬与追随。
6. 追求创意及意义。
7. 了解激励他人的方法，对他人具有洞察力。
8. 光明正大，坚信其价值观。
9. 有计划且果断地为目标努力。

INFJ 型人适合领域：教育领域、科研领域、文化领域、艺术领域、设计领域等。

INFJ 型人适合职业：心理辅导和咨询人员、作家、诗人、导演、画家、音乐家等。

四、INTJ 型人的职业性格

1. 具有强大动力与意愿完成计划与创意。
2. 有远大的目标且能快速在众多事情中找出有意义的事情。
3. 对所承担的工作具有良好的策划能力并能保证完成。
4. 具有质疑性、挑剔性、独立性，果决，对专业水平及绩效要求高。

INTJ 型人适合领域：科技应用领域、技术咨询领域、管理咨询领域等。

INTJ 型人适合职业：科学家、计算机程序员、法律顾问、经济学家、艺术家等。

五、ISTP 型人的职业性格

1. 冷静旁观者，做事留有余地，会以无偏见的好奇心观察与分析事情。
2. 有兴趣探索原因及结果，擅长探索技术原理，重视效率。
3. 擅于抓住问题核心并能及时找出解决方法。
4. 会分析成功的原因，能从大量资料中找到问题的核心。

ISTP 型人适合领域：技术领域、金融领域、运动领域、艺术领域等。

ISTP 型人适合职业：机械或电子工程师、金融或财务顾问、体育工作者、飞行员、手工制作者等。

六、ISFP 型人的职业性格

1. 羞怯、和善、敏感且行事谦虚。
2. 喜于避开争论，不对他人强加己见或价值观。
3. 无意做领导，常是忠诚的追随者。
4. 办事不急躁，安于现状，不喜欢过度努力，非成果导向。
5. 喜欢有自由的空间，希望按照自己的时间和顺序做事情。

ISFP 型人适合领域：艺术领域、医护领域、商业领域、服务业领域等。

ISFP 型人适合职业：设计师、卡通或漫画制作者、牙科医生、运动教练、餐饮业老板等。

七、INFP 型人的职业性格

1. 安静观察者，较理想化，对自己的价值观及重要的人忠诚。
2. 希望工作、生活状态符合自己的价值观。
3. 有好奇心且很快能看出机会所在，常是某个创意的促进者。
4. 除非价值观受侵犯，否则一般比较包容，适应力和承受力强。
5. 喜欢了解他人和激发他人的潜质，做事全神贯注。
6. 对工作环境及回报不太在意。

INFP 型人适合领域：创作性领域、艺术领域、教育领域、研究领域、咨询领域等。

INFP 型人适合职业：艺术家、记者、心理辅导和咨询人员、图书管理者等。

八、INTP 型人的职业性格

1. 安静、有自制力，适应力良好。
2. 特别喜爱理论论证与科学事理。

3. 习惯用逻辑法来分析、解决问题。
4. 对有创意的工作感兴趣，对聚会与闲聊不太感兴趣。
5. 追求可充分发挥个人兴趣的职业。
6. 喜欢对感兴趣的事进行分析研究。

INTP 型人适合领域：计算机技术领域、理论研究领域、学术领域、创造性领域等。

INTP 型人适合职业：计算机程序员、科研机构研究人员、工程师、艺术家等。

九、ESTP 型人的职业性格

1. 擅长现场实时解决问题。
2. 喜欢做事儿并享受做事儿的过程。
3. 喜欢技术方面的工作，结交兴趣相同的人。
4. 有较强的适应性、容忍度、务实性，倾向于做较快产生成效的工作。
5. 不喜欢冗长概念及理论论证。
6. 擅长操作性强的工作。

ESTP 型人适合领域：商业领域、服务业领域、娱乐领域、体育领域、艺术领域等。

ESTP 型人适合职业：商人、警察、自由职业者、娱乐节目主持人、体育节目评论人等。

十、ESFP 型人的职业性格

1. 外向、和善，乐于分享。
2. 善于做事件的发起者，喜欢和他人一起学习、工作。
3. 热衷参与工作的全过程。
4. 擅长人际交往，能快速适应他人与环境。
5. 热爱生命、享受生活。

ESFP 型人适合领域：服务领域、广告领域、娱乐领域、旅游领域、社区服务领域等。

ESFP 型人适合职业：销售人员、营销人员、时装设计或表演人员、摄影师、节目主持人、导游等。

十一、ENFP 型人的职业性格

1. 充满热忱、精力充沛、聪明、富有想象力，认为人生中充满机会，希望得到他人的肯定与支持。

2. 几乎能完成所有感兴趣的工作。

3. 对难题很快就有对策并能对有困难的人施以援手。

4. 能随机应变，较少进行事先规划准备。

5. 为达成目标能有效自控。

6. 做事喜欢即兴发挥。

ENFP 型人适合领域：广告创意领域、市场营销和宣传策划领域、艺术指导领域等。

ENFP 型人适合职业：心理辅导和咨询人员、职业规划顾问、培训师、演讲家、电影或电视制片人、公司对外发言人等。

十二、ENTP 型人的职业性格

1. 反应快、聪明、长于多种工作。

2. 善于激励伙伴，具有敏捷及直言不讳的个性特征。

3. 常对问题的两面加以论证。

4. 对解决新的及挑战性的问题富有策略，但会忽视或厌烦常规的任务与细节。

5. 兴趣多元，注意力易转移到新的兴趣上。

6. 对想要做的事会有技巧地找出符合逻辑的理由。

7. 能看清楚他人，有能力去解决新的或有挑战的问题。

ENTP 型人适合领域：投资顾问领域、项目策划领域、市场营销领域、创造性领域等。

ENTP 型人适合职业：风险投资人、企业创办人（新兴产业）、广告策划人、政治家等。

十三、ESTJ 型人的职业性格

1. 务实，具有管理或技术天赋。

2. 不喜欢抽象理论，喜欢实用的知识。

3. 喜欢组织活动且追求工作效率。

4. 有决断力、关注细节且很快能做出决策。

5. 会忽略他人感受。

6. 喜欢当领导者或企业主管。

7. 做事风格比较偏向于权威指挥性。

ESTJ 型人适合领域：无明显领域特征。

ESTJ 型人适合职业：业务经理、职业经理人等。

十四、ESFJ 型人的职业性格

1. 诚挚、爱交流，是天生的合作者、活跃的组织成员。
2. 重和谐且擅长创造和谐。
3. 乐于助人。
4. 喜欢被鼓励和称赞。
5. 对那些对人们生活有直接影响的事务有浓厚兴趣。
6. 喜欢与他人合作完成工作。

ESFJ 型人适合领域：无明显领域特征。

ESFJ 型人适合职业：秘书、医生、小学教师、管理人员等。

十五、ENFJ 型人的职业性格

1. 热忱、负责任，能鼓励他人。
2. 关心别人的需求且用心去解决。
3. 能轻松且具有技巧性地带领团体讨论或演示文稿、提案。
4. 爱交际、受欢迎，富有同情心。
5. 对表扬及批评很在意。
6. 喜欢带领他人且能使他人或团体发挥潜能。

ENFJ 型人适合领域：培训领域、咨询领域、教育领域、新闻传播领域、文化艺术领域等。

ENFJ 型人适合职业：教师、记者、平面设计师、音乐家等。

十六、ENTJ 型人的职业性格

1. 坦诚、具有决策力。
2. 擅长解决组织中的问题。
3. 有较强的沟通表达能力。
4. 乐于吸收新知识且能广开信息渠道。
5. 容易过度自信，强于表达自己的意见。
6. 喜欢长远策划及目标设定。

ENTJ 型人适合领域：金融领域、管理咨询领域、政府机构、培训领域、专业性领域等。

ENTJ 型人适合职业：企业主管、政治家、风险投资家、律师、法官、科技专家等。

第三课　初步了解企业岗位

<table>
<tr><td>教学单元/课</td><td>第一单元　第三课　初步了解企业岗位</td><td>课时</td><td colspan="3">2</td></tr>
<tr><td>授课方式</td><td>活动法、任务驱动法、案例法、讨论法、小组教学法、讲授法</td><td>作业题数</td><td>2</td><td>拟用时间</td><td>90 分钟</td></tr>
<tr><td>教学目的</td><td>1. 课前，指导学生初步了解企业和岗位相关信息
2. 课中，让学生学会通过网络、访谈等渠道了解企业和岗位信息，并用于指导个人的职业生涯发展规划
3. 课后，引导学生通过对企业、岗位等信息的了解，增强对职业的认同感和学习、工作的动力</td><td>教学资源</td><td colspan="3">1. PPT 课件
2. 视频：《三国时期诸葛亮为什么选择刘备阵营》
3. 附件：小林的职业生涯规划
4. 学业评价表</td></tr>
<tr><td>教学重点</td><td>指导学生通过调查，了解企业信息，以及岗位的工作内容、任职要求、发展路径等信息</td><td>教学难点</td><td colspan="3">引导学生在了解企业、岗位信息的基础上，明确努力的方向，规划自己的职业生涯发展方向</td></tr>
<tr><td>说明</td><td colspan="5">根据作业中调查的岗位不同，全班分为 4~5 组，个别岗位调查人数较少的组，如 3 人以内的，可并入相似岗位组，每个组选拔 1 名作业优秀的同学为主汇报人</td></tr>
</table>

新课导入（活动法，5 分钟）

（学习方法：学生根据游戏规则参与游戏，并自由发言。）

游戏规则：教师在黑板上画一个靶子，邀请几名学生用眼罩蒙住眼睛，站在两米外，用粉笔头投射靶心。请学生观察投射结果，结合当前的求职就业情况，谈谈感想。

生答 1：要想取得好的成绩，戴眼罩之前，应对靶心位置准确把握。联系我们目前的求职情况，我们不仅要了解自我，还要清楚地了解我们将来要从事的工作。

生答 2：靶心就好比我们的目标岗位，在求职之前，我们只有把目标岗位的具体情况搞清楚，才能更好地发挥我们的能力，获得好的工作效果。

师总结：感谢同学们的发言！大家说得很好。正所谓“知己知彼，百战不殆”，要达到个人和岗位的匹配，除了要对自己有全面认知，准确地把握企业和岗位的相关信息也很重要。上节课给大家留了岗位调查作业，老师发现同学们做得很不错，这节课就让我们一起来分享大家的调查成果。

新课进程（75 分钟）

一、了解岗位任职要求（任务驱动法+小组教学法，60 分钟）

（学习方法：根据调查的岗位不同，全班分为 4~5 组，个别岗位调查人数较少的组，如 3 人以内的，可并入相似岗位组。每个组选拔 1 名作业优秀的同学为主汇报人，上台分享调查报告，小组中调查相同岗位的同学补充，教师总结评价。汇报流程详见图 1。）

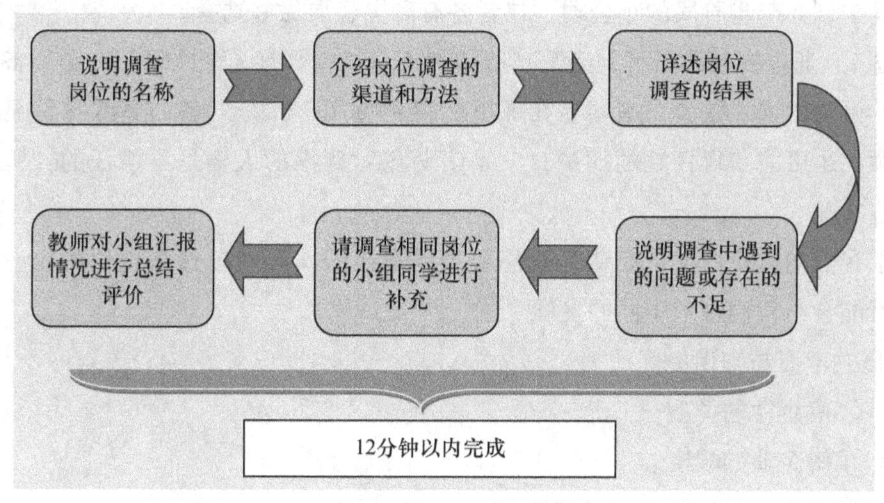

图 1 汇报流程

【问题思考】

通过调查岗位信息，同学们发现岗位的实际情况和你的预期有什么不同吗？如果有，你怎样看待和应对？

【参考回答】

通过调查，我对自己的目标岗位有了更为全面、真实的了解，我发现目标岗位的实际情况和我之前对这一岗位的预期大部分是一样的，这更坚定了我的目标和信心；当然，也有一些和我之前想的不太一样，我应该及时调整自己，以岗位要求为标准，不断锻炼自己，让自己更符合岗位的需要。

二、初步了解企业（案例法+讨论法，15 分钟）

（学习方法：1. 学生观看视频《三国时期诸葛亮为什么选择刘备阵营》，约 5 分钟后自由发言——诸葛亮选择刘备阵营的原因主要有哪些？对我们的求职有什么启示？2. 自学课本中的“初步了解企业”，小组讨论：求职中如何选择企业？应该了解企业的哪些信息？自由发言。)

1. 视频观看与问题回答

生答 1：我认为诸葛亮是个聪明人，他选择刘备阵营是经过周密考虑的。作为一个满腹经纶的谋士，他肯定希望自己能得到刘备的重用，自己的抱负能得到最大限度地施展。曹操阵营势力强大，旗下谋士众多、人才济济，诸葛亮如果投入曹操门下，很可能无法得到重视；刘备势单力薄，可用的人才有限，对诸葛亮这样的人才必然求贤若渴，让其尽展才华。

我们求职也是一样的，要考虑清楚什么样的平台适合我们，不管是去成熟的大公司，还是去创业起步阶段的小公司，二者各有利弊，要做好选择。

生答 2：通过视频我了解到诸葛亮选择刘备阵营主要有 3 个原因：一是刘备当时势力较弱，可用的人才较少，诸葛亮在那里能得到重用；二是刘备的皇叔身份显得更加名正言顺，也更能获得百姓的拥护；三是诸葛亮对曹操的人格是不信任的，所以不会去支持曹操。

联系我们的就业情况，我认为我们要根据自己的实际情况选择合适的企业，不同的选择可能会给我们带来不同的发展。

2. 自主学习与知识提炼

(1) 了解企业的类型。

(2) 了解企业的规模。

(3) 了解企业的注册地和经营地。

(4) 了解企业的发展史。

(5) 了解企业提供的产品或服务。

(6) 了解企业的文化和制度。

新课小结（7 分钟）

教师总结本节课的主要内容，并组织学业评价。

个人总分=小组调查汇报得分×40%+他评总分×15%+自评总分×15%+作业得分×30%。

一、教师根据各小组的调查汇报情况，对小组进行学业评价，这部分得分占学生个人总分的 40%

相关内容详见表 1。

表 1　小组调查汇报评价表

序号	评价项目	评分标准	得分
1	流程完整（20） 按照规定的汇报流程展开汇报，结构清晰，无缺漏或混乱	优：16~20 良：11~15 中：6~10 差：0~5	
2	内容充实（30） 调查报告内容充实，各项调查内容完整、详细	优：16~20 良：11~15 中：6~10 差：0~5	
3	信息准确（20） 调查渠道、方法恰当，信息来源多样，信息真实、有代表性	优：16~20 良：11~15 中：6~10 差：0~5	
4	补充到位（15） 其他同学补充信息恰当有效，使得报告更全面、准确	优：16~20 良：11~15 中：6~10 差：0~5	
5	汇报清楚（15） 汇报过程中语言清晰、声音洪亮、条理清楚、表达流畅	优：16~20 良：11~15 中：6~10 差：0~5	
小组调查汇报得分			

二、各学习小组组长根据成员整个课堂表现，对各成员进行量化打分，这部分得分占学生个人总分的 15%

相关内容详见表 2。

表 2　他评表

序号	评价项目	评分标准	得分
1	该成员在团队中是否积极参与讨论	优：16~20 良：11~15 中：6~10 差：0~5	

续表

序号	评价项目	评分标准	得分
2	该成员在团队中是否服从安排	优：16~20 良：11~15 中：6~10 差：0~5	
3	该成员在团队中承担的任务分量	任务重：16~20 任务较重：11~15 任务较轻：6~10 没有或很少承担任务：0~5	
4	该成员对所分配任务的完成度	优：16~20 良：11~15 中：6~10 差：0~5	
5	该成员的学习效果	优：16~20 良：11~15 中：6~10 差：0~5	
他评总分			

三、学生根据自己的课堂表现进行自评，这部分得分占学生个人总分的15%

相关内容详见表3。

表3 自评表

序号	评价项目	评分标准	得分
1	本人在整个课堂活动中的表现是否积极主动	优：16~20 良：11~15 中：6~10 差：0~5	
2	本人在团队中是否服从安排	优：16~20 良：11~15 中：6~10 差：0~5	

续表

序号	评价项目	评分标准	得分
3	与其他成员相比，本人在团队中承担的任务分量	任务重：16~20 任务较重：11~15 任务较轻：6~10 没有或很少承担任务：0~5	
4	本人对所分配任务的完成度	优：16~20 良：11~15 中：6~10 差：0~5	
5	本人对课堂学习内容的理解和掌握程度	优：16~20 良：11~15 中：6~10 差：0~5	
自评总分			

四、教师根据学生课前课后作业完成情况进行评分（课外时间完成）

相关内容详见表4。

表4　课前课后作业评价表

学号	姓名	作业得分	备注
		优：91~100　良：81~90　中：61~80　差：0~60	

五、教师将学生本堂课的个人总分登记在本课程的课堂评价表中，期末计算学期平均分，这部分得分占本科目期末成绩的40%（课外时间完成）

相关内容详见表5。

表5 课堂评价表

学号	姓名	第一周	第二周	……	……	……	……	学期总分	学期平均分	备注

作业布置（3分钟）

1. 自学课本中的“认识职业世界”，填写相关表格。

2. 根据本单元学习内容，参照小林的职业生涯规划（见附件），撰写自己的职业生涯规划书。

板书设计

第一单元　第三课　初步了解企业岗位

游戏导入：粉笔投射

一、了解岗位任职要求（本课重点、难点）

1. 岗位调查作业汇报。报告主要内容包括以下几个方面。

（1）岗位名称。

（2）调查渠道和方法。

（3）岗位职责。

（4）岗位的任职要求。

（5）平均薪酬水平。

（6）职业发展通道。

（7）行业发展前景。

2. 问题思考：如何认识和应对岗位的实际情况和预期的不同？

二、初步了解企业（本课重点）

1. 视频观看：《三国时期诸葛亮为什么选择刘备阵营》。

2. 自学讨论。

3. 知识提炼。

（1）了解企业的类型。

（2）了解企业的规模。

（3）了解企业的注册地和经营地。

（4）了解企业的发展史。

（5）了解企业提供的产品或服务。

（6）了解企业的文化和制度。

三、认识职业世界（自学作业）

附　件

小林的职业生涯规划

一、前言

学校生活即将结束，我即将开始我的职业生涯，这是我人生历程的一个重要转折点。站在职业生涯的起点上，我感到兴奋又不安。如何选择我的职业之路并让自己在职业生涯中快速成长和发展，实现自己的人生价值？这是我此刻需要思考的重要问题。有句话说得好："机会总是青睐有准备的人。"做好职业生涯规划，就是为将来的人生发展做准备。

二、自我分析

（一）职业兴趣

我属于霍兰德职业兴趣类型中的社会型（S），比较喜欢与人沟通交流，在日常生活中，能与周围的人友好相处，待人热情、乐于助人，善于与别人建立关系，做事儿也比较有激情，上进心较强，能带动身边的同学一起合作。在老师和同学眼里，我是比较有人缘儿的。

（二）性格分析

通过 MBTI 测验和自我分析，我属于 ESTP 性格类型，反应比较快，能够激励伙伴，喜欢讨论问题，对解决新的或挑战性的问题有兴趣。

（三）我的优势

家庭对我的职业选择比较尊重和支持；在校期间参加了社团和社会实践活动，积累了一定的经验；善于和人沟通，能快速建立良好的人际关系；专业知识掌握比较扎实，善于学习。

（四）我的劣势

有时候会缺乏坚持性，比较喜欢即时奖励，对长远的目标容易拖延，对一些工作细节缺乏耐心。

三、环境分析

（一）家庭分析

我虽来自农村，但家庭和睦，经济条件还可以。父母做点儿小生意，所以我从小就得到了一些锻炼，在与人交流沟通方面掌握了一定的技巧，同时也形成了自信的性格。这些锻炼无疑为我以后的职业生涯奠定了基础。

（二）就业机遇

我国电子商务发展较快，为我们学习这个专业的学生提供了更好的发展机会。中国加入世贸组织后，与世界的一体化进程加快，国外的资本、技术介入加大了对相关人才的需求，有利于我们就业。

（三）就业挑战

我国连续扩大招生规模，使毕业生数量爆发式增长，而社会有效需求在短期内增幅有限，很多专业和非专业人员的加入也使我们的就业压力增大。

（四）专业分析

电子商务专业是融计算机科学、市场营销学、管理学、法学和现代物流学于一体的新型交叉学科，培养具备计算机信息技术、市场营销、贸易、管理、法律和现代物流基本理论及基础知识，可以利用网络开展商务活动，利用计算机信息技术、现代物流方法改善企业管理的专门人才。

学生毕业后可从事单位网站的网页设计、网站建设和维护，以及网站内容编辑和网络营销等工作，也可从事客户关系管理、电子商务项目管理、电子商务活动策划与运作、电子商务系统开发与维护等工作。

四、职业定位

了解了自己的性格特点、自身优势和劣势后，我计划进入电子商务行业，加入B2B、C2C 或网上贸易方向的公司，从事网络营销工作。我希望从业 5 年内晋升为网络营销主管，从业 10 年内晋升为网络营销经理。

五、职业分析

网络营销岗位需要了解传统营销的基本理念，深入学习网络营销市场调研和网络广告宣传、搜索引擎营销等内容，熟练掌握网络营销的手段，具备良好的独立思考能力，以及沟通、谈判、解决争议的能力。

网络营销岗位的工作职责主要有以下方面。

负责公司品牌和产品的网络推广。

根据公司总体市场战略及网站特点，确定网站推广目标和推广方案。

与各部门沟通，细化确认需求，按时保质完成网站推广任务。

策划、执行在线推广活动，收集推广反馈数据，不断改进推广效果。

寻找合作的网络媒体，提出网站运营的改进意见和需求等。

熟悉所有的网络推广手段，能够在各类网站宣传推广公司产品。

网络营销职业的发展路径：网络营销专员—网络营销主管—网络营销经理—网络营销高级经理—网络营销总监—营销总监—营销副总裁。公司规模不同，发展路径略有不同。

六、职业发展设计

（一）预备期（当前至毕业）

不能一味学理论，实践也很重要，必须多动手、多操作。在动手操作中体会互联网对传统商务、学习、生活的影响。争取机会进入企业做一些基本的工作（如网页制作、信息编辑、客户服务、网络销售等），通过企业实习掌握基本技能，企业的工作环境会让自己迅速成长起来。

（二）初入职场（工作3年内）

目标：进入公司做网络营销工作，开始了解职场。从最基础的工作做起，获取实际工作的经验，在工作中继续好好学习专业知识，学会在职场为人处事的技巧。

（三）立足社会（工作5年内）

努力做好本职工作，能够在工作中努力拼搏，一步步提升自己的专业能力。在本岗位上初步做出成绩，能够对岗位工作有自己的心得，争取成为网络营销主管。

（四）职业晋升（工作10年内）

随着经验和客户的积累，工作更加得心应手。除了做好本职工作，试着接受更具挑战性的任务，并能带领同伴完成。争取在10年内做到网络营销经理职位。

七、结束语

“路漫漫其修远兮，吾将上下而求索。”“不经历风雨怎能见彩虹。”每个人心中都有一座山，雕刻着理想、信念、追求、抱负；每个人心中都有一片森林，承载着收获、荣誉、失意、磨砺。一个人若要获得成功，必须拿出勇气，付出努力。机遇不相信眼泪，更不相信颓废，只相信真正拼搏的人！或许在实现目标的道路上有荆棘和曲折，但我相信靠自己的智慧和不懈的努力，一定能战胜困难，最终来到理想的面前！

第二单元　求职技巧

第一课　精准获取就业信息（一）

<table>
<tr><td>教学单元/课</td><td>第二单元　第一课　精准获取就业信息（一）</td><td>课时</td><td colspan="3">2</td></tr>
<tr><td>授课方式</td><td>案例法、讨论法、讲授法、问答法</td><td>作业题数</td><td>5</td><td>拟用时间</td><td>90 分钟</td></tr>
<tr><td>教学目的</td><td>1. 课前，让学生通过预习“翻转课堂”内容，形成对就业信息的初步理解，并在课堂上进行心得交流
2. 课中，通过小组讨论、讲授等形式，让学生了解什么是就业信息，以及收集就业信息的原则，掌握获取就业信息的方法与渠道
3. 课后，让学生完成作业，强化知识和技能</td><td>教学资源</td><td colspan="3">1. PPT 课件
2. 视频资料
3. 学业评价表</td></tr>
<tr><td>教学重点</td><td>通过小组讨论、讲授等形式，让学生了解什么是就业信息，以及收集就业信息的原则，掌握获取就业信息的方法与渠道</td><td>教学难点</td><td colspan="3">学会建立就业信息库</td></tr>
<tr><td>说明</td><td colspan="5">1. 即将离开学校走上工作岗位的学生，面对激烈的就业竞争，难免会束手无策或者产生盲从心理。因此，引导学生获取就业信息，掌握就业信息的筛选和应用方法，能给学生指明方向，帮助学生树立信心
2. 在教学中，要关注一些性格内向的学生，了解他们的想法，发现他们身上存在的问题并给予相应的指导和帮助</td></tr>
</table>

新课导入（讨论法，5 分钟）

话题讨论：我们大家都学过陶渊明的诗歌，有哪位同学能背诵几句陶渊明写的诗歌？陶渊明是东晋诗人，假如他穿越到现代社会，想要找份工作，该从何入手呢？请大家帮他想想办法，说说他通过几步才能找到比较适合自己的工作。

【参考回答】

第一步，先要了解自己的职业兴趣，分析自己的优势和长处。

第二步，了解适合自己兴趣、能力和优势的职业和岗位，以及这些职业和岗位对人才的要求。

第三步，要看哪些单位有这个用人需求。

第四步，针对这些用人需求准备求职材料，投递求职材料。

第五步，获取面试通知，进而面试。

前面几次课，我们已经学会了分析自己的职业兴趣、优势和长处，也了解了适合自己实际情况的职业或岗位。接下来，我们就要学习获取就业信息的方法，以便有针对性地求职。

新课进程（70 分钟）

一、翻转课堂：案例分析（案例法+讨论法，10 分钟）

（将学生按 4~6 人为一组进行分组，组成学习小组。围绕课本案例《多渠道掌握就业信息让你快人一步》进行课堂讨论，并派代表发言。）

师问 1：小赵和李明学的是同一个专业，学业水平也相当，在就业的重要关头为什么会面临不同的情况呢？

第一组学生代表回答：小赵搜索就业信息的渠道比较单一，而李明是通过多渠道获取就业信息的，如学校就业指导中心、就业网站、企业网站等，并且李明对这些信息进行了分类和排序，然后有针对性地做准备。所以，李明在重要关头显得更加胸有成竹。

师问 2：在互联网时代，你会用哪些办法或者通过哪些渠道去快速、准确地收集就业信息？

第二组学生代表回答：留意学校通过各种渠道发布的就业信息，浏览自己心仪的企业的网站和招聘网页，在专业的求职网站注册求职，参加人才招聘会，关注大众传媒发布的就业信息，通过亲友、师长等社会关系获得就业信息。

师问 3：如何判断你收集到的就业信息是真是假呢？

第三组学生代表回答：在公交车站、大马路、广场等一些公共场合粘贴的招聘小广告大多是不可靠的，门槛低、薪酬高、设置责任底薪、必须完成规定业务额的工作要谨慎对待，莫名而来的就业机会要小心，要求毕业生交纳数额不菲的工作保证金的招聘信息都是骗人的，不透露公司名字或者名字像化名、公司的基本资料不完整、找不到地址等的就业信息是假的。

师问 4：从收集到的就业信息中，如何判断哪些信息是适合自己的？

第四组学生代表回答：看专业是否对口，看工作地点是否合适，看与个人兴趣爱好和性格特征是否相符，看自己的核心竞争力是否可以得到体现，看自己的能力是否可以得到提升……

师问 5：结合自己的求职目标，说说你会利用什么样的新颖求职方式来展现自己的能力与优势。

第五组学生代表回答：制作个人求职作品集，录制求职视频展现自己的能力与优势，在实习过程中充分展示自己的能力与优势……

二、获取就业信息（60 分钟）

（一）就业信息是什么（讲授法，10 分钟）

1. 观看视频，引导学生了解什么是宏观就业信息

（1）观看 2019 年 4 月中央电视台播报的关于发布 13 种新职业的新闻。

（2）观看 2020 年 7 月中央电视台播报的关于发布 9 个新职业的新闻。

（3）了解自《中华人民共和国职业分类大典》颁布以来增加的新职业。

通过观看视频，我们了解到职业发生了不少新变化。产业结构升级催生了很多新职业，很多传统职业处于即将被淘汰的境地，不再收录在 2015 年修订发布的《中华人民共和国职业分类大典》中。

这类信息叫宏观就业信息，包含毕业生就业时国家和地区总体的政治经济形势、就业政策、各行业人才的需求，以及未来产业、职业发展趋势等相关信息。

2. 阅读招聘信息，认识微观就业信息，了解微观就业信息包含的要素，见表 1。

表 1 广州某生物科技有限公司销售经理招聘信息表

企业性质	私营	规模	100~200 人	业务范围	制药/生物工程
工作性质	全职	最低学历要求	专科	年龄要求	不限
工作年限	2 年以上	婚姻要求	不限	工作地区	黄埔区

续表

岗位职责	1. 根据公司分配的营销目标，制订销售分解计划，负责新一代高通量测序设备及肿瘤试剂盒产品在医院的推广、销售和回款工作 2. 面对各大医院、重点客户，建立顺畅的沟通渠道并完成客户管理工作 3. 根据客户需求，带领团队提供项目解决方案，完成招标、谈判、合作协议的签订及客户维护工作 4. 协助公司组织开展针对医院、重点客户的产品培训、推广、学术会议 5. 做好客户售后服务工作，定期访问客户，及时了解客户需求、处理客户反馈和投诉（包括退换货） 6. 进行市场调研，收集和汇报行业市场信息；根据公司规定，提交工作报告及相关数据
任职要求	1. 有 2 年以上工作经验，其中，需有 1 年以上同行业临床产品销售从业经验，业绩优秀 2. 形象气质佳，具备良好的沟通能力 3. 具备良好的团队协作能力和学习能力 4. 有较强的事业心和抗压能力，能适应出差 5. 所学专业为生物学、医学、药学、化学或市场营销
公司简介	本公司成立于 2016 年 7 月，全力打造国际一流的高端体外诊断产品平台，不断加强与国际知名企业、高校的合作交流，全面开展体外诊断领域的科技孵化和转化落地工作。公司将发展方向定为精准医疗诊断产品方向，通过合作共赢、技术创新、高效运营，为社会、客户、股东、员工创造价值。未来，公司将进军中上游高端产业链，生产诊断试剂、诊断仪器等
联系方式	联系地址：广州市海珠区××××路××大楼××栋×楼 联系人：张小姐 联系电话：×××××××××××

师问 1：这则就业信息包含哪些内容？

生答 1：用人单位名称、单位性质、规模、业务范围、招聘岗位职责、任职要求、联系方式等。

师问 2：这些内容对求职者来说重要吗？为什么？

生答 2：这些内容是毕业生求职就业的基础和起点，毕业生在求职时充分掌握这些信息，可以做到知己知彼、有的放矢。

（二）收集就业信息的原则（问答法，10 分钟）

师问 1：我们收集过实习或就业信息吗？在海量的就业信息中，我们怎样才能收集到有价值、高质量的就业信息？

生答 1：明确目的、做好计划、广撒网后，对收集来的信息进行加工、整理，筛除掉一些时效性比较差的、无法辨别真伪的就业信息。

师总结：我们收集就业信息要本着如下原则。如图 1 所示。

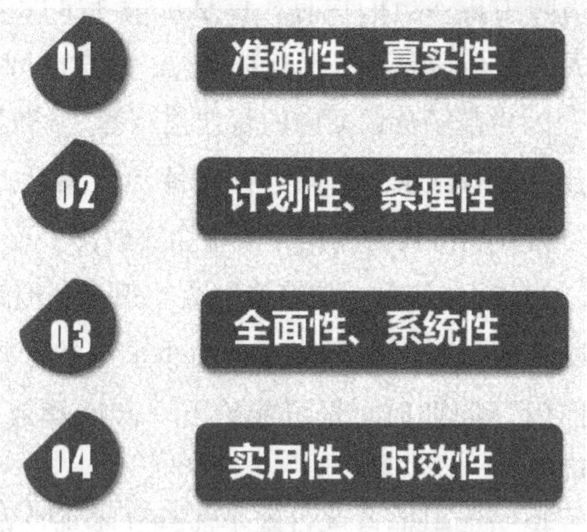

图 1　收集就业信息的原则

1. 准确性、真实性。仔细、认真地核查，确保信息真实、准确，防止黑中介用一些过时的或者虚假的信息吸引毕业生。

2. 计划性、条理性。明确收集就业信息的目的，明确自己所需就业信息的范围，做到有的放矢。

3. 全面性、系统性。广泛收集就业信息，将各种相关的信息积累起来后进行分析、加工、整理和分类，形成一套能客观、系统地反映当前就业市场、就业政策、就业动向的有效就业信息。

4. 实用性、时效性。在充分认识自己的基础上，根据自己的专业、特长、能力、性格等方面的综合因素收集信息，避免收集到范围过大或者无法利用的无效信息。同时，还要关注就业信息的发布时间，及时、迅速地掌握就业信息。

（三）收集就业信息的方法（讨论法，20 分钟）

（各组阅读教材并讨论，学生代表上台操作演示。）

1. 师问：我们可以用哪些方法收集就业信息？同学们先阅读教材，然后进行小组讨论——如果我们要在某个求职网站收集就业信息，如何运用教材上的 3 种方法来收集？8 分钟后，请各组代表在求职网站上以某个专业学生的身份演示这 3 种收集就业信息的方法。

2. 学生阅读、讨论。

3. 各组代表上台利用老师的电脑讲解、操作、演示。假设学生所学专业为市场营销，想要搜索与市场营销相关的就业信息。

（1）全方位收集法。将与市场营销这个专业有关联的就业信息统统收集起来，再按照一定的标准进行整理和筛选。比如，搜索时我们仅以“销售”这个词作为关键词，可能会收集到各行各业招聘销售人员的信息，信息量会非常庞大。这种方法获取的就业信息广泛，选择余地大，但是筛选起来就非常费力，浪费时间和精力。

（2）定方向收集法。因为市场营销面向的行业很广泛，我们可以根据自己的能力、兴趣、特长等，选择适合自己的行业，从而有针对性地收集就业信息。这种方法以个人的专业方向、能力倾向和兴趣特长为依据，效率会比较高。比如，我们若以“医药”“计算机”作为关键词，搜索就业信息，信息量就会小很多。但是要注意的是，当选择的职业方向和求职范围过于狭窄时，有可能大大缩小求职的选择余地，特别是当选定的职业是竞争激烈的“热门”职业时，很可能给下一步的择业带来较大困难。所以，选择正确的职业方向很重要。

（3）定区域收集法。求职者根据自己对某个或某几个地区的偏好来收集信息，较少关注职业方向和行业范围。这种方法重地区、轻专业，按这种方法收集信息和选择职业，可能会由于就业范围过窄而造成择业困难。

同学们可根据自己的实际情况选择适合的方法收集就业信息。

（四）分析收集就业信息的渠道（讨论法，20 分钟）

（分组讨论、上台展示。）

刚刚我们演示的是如何在求职网站上收集就业信息，除了在求职网站上收集信息，还有哪些途径可以收集信息呢？

1. 分组讨论：学生按 4~6 人为一组进行分组，分组后进行讨论，并将讨论结果写在白纸上。讨论时间为 10 分钟，10 分钟后各组分别展示。

2. 展示讨论结果：各组派代表上台展示讨论结果。

3. 教师总结各组讨论结果，并概括收集就业信息的主要渠道。

（1）学校就业指导机构。及时浏览校内的招聘信息，了解学校发布的有关就业的政策与形势、就业法规、行业信息、用人信息、招聘活动信息、就业讲座等。针对性强、及时、准确、可靠。

（2）企业招聘网页。关注企业的网站及其人才招聘网页，获取招聘信息，了解企业的发展情况等。

（3）专业的求职网站。例如，智联招聘网、中华英才网、南方人才网、前程无忧网等，在注册登录后，可根据需求搜索或订阅招聘信息。要注意甄别，防止上当受骗。

（4）人才招聘会。有学校组织的，也有当地人才交流服务中心、人力资源社会保障部门举办的，时间集中、地点固定、信息量大、双方能面对面接触。

（5）社会关系网。通过身边的亲友、师长等社会关系获取的就业信息，也是非常有效的，要灵活运用。

（6）社会实践或毕业实习单位。通过社会实践或毕业实习，展示自己的品德与才华，给用人单位留下良好的印象，为自己的就业创造机会。

（7）大众传媒。报纸、杂志等传媒上也有一些招聘信息，可以关注。但是，要甄别真伪。

总之，收集就业信息的渠道有多种，每个渠道各有特点，毕业生要熟悉、掌握并灵活运用。

新课小结（10 分钟）

通过本次课的学习，我们了解了就业信息的种类、收集就业信息的原则和方法，我们一起探究和总结了收集就业信息的渠道，希望大家能学以致用。接下来，我们对本节课的学习情况进行评价。

一、各学习小组组长根据成员表现，对各成员进行量化打分，这部分得分占学生课堂评分的 40%

相关内容详见表 2。

表 2　他评表

序号	评价项目	评分标准	得分
1	该成员在团队中是否积极参与讨论	优：16~20 良：11~15 中：6~10 差：0~5	
2	该成员在团队中是否服从安排	优：16~20 良：11~15 中：6~10 差：0~5	
3	该成员在团队中承担的任务分量	任务重：16~20 任务较重：11~15 任务较轻：6~10 没有或很少承担任务：0~5	
4	该成员对所分配任务的完成度	优：16~20 良：11~15 中：6~10 差：0~5	

续表

序号	评价项目	评分标准	得分
5	该成员的学习效果	优：16~20 良：11~15 中：6~10 差：0~5	
他评总分			

二、学生根据自己的课堂表现进行自评，这部分得分占学生课堂评分的20%

相关内容详见表3。

表3　自评表

序号	评价项目	评分标准	得分
1	本人在整个课堂活动中的表现是否积极主动	优：16~20 良：11~15 中：6~10 差：0~5	
2	本人在团队中是否服从安排	优：16~20 良：11~15 中：6~10 差：0~5	
3	与其他成员相比，本人在团队中承担的任务分量	任务重：16~20 任务较重：11~15 任务较轻：6~10 没有或很少承担任务：0~5	
4	本人对所分配任务的完成度	优：16~20 良：11~15 中：6~10 差：0~5	
5	本人对课堂学习内容的理解和掌握程度	优：16~20 良：11~15 中：6~10 差：0~5	
自评总分			

三、教师根据各小组的课堂表现，对学生进行学业评价，这部分得分占学生课堂评分的40%

相关内容详见表4。

表4　师评表

组别	评价项目	评分标准	得分
第 组	团队精神（40）	团队成员参与度高，有好的合作态度和集体荣誉感	
	创新精神（30）	观点合情合理，有一定的创新性，令人耳目一新、颇有启发	
	表达能力（30）	积极发言，表达流畅，声音洪亮，仪态大方	
	师评总分		

课堂评分=他评总分×40%+自评总分×20%+师评总分×40%=________

四、教师根据学生课前课后作业完成情况进行评分（课外时间完成）

相关内容详见表5。

表5　课前课后作业评价表

学号	姓名	作业得分	备注
		优：91~100　良：81~90　中：61~80　差：0~60	

个人总分=课堂评分×70%+作业得分×30%

五、教师将学生本堂课的个人总分登记在本课程的课堂评价表中，期末计算学期平均分，这部分得分占本科目期末成绩的40%（课外时间完成）

相关内容详见表6。

表 6 课堂评价表

学号	姓名	第一周	第二周	……	……	……	……	学期总分	学期平均分	备注

作业布置（5 分钟）

完成教师印发的纸质表格，建立求职信息库。

1. 建立一个用人单位信息库，至少包含与所学专业对口的 10 个用人单位的信息，详见表 7。

表 7 用人单位信息收集表

序号	单位名称	单位地址及电话	单位网址	单位规模	发展前景	最近招聘岗位	潜在需要岗位	对人才的要求	薪酬情况	其他情况
1										
2										
3										
4										
5										
6										
7										
8										
9										
10										

2. 建立一个校友信息库，至少包含10个校友的信息，详见表8。

表8　校友信息收集表

序号	校友姓名	所学专业	工作单位	职务	联系方式	其他情况
1						
2						
3						
4						
5						
6						
7						
8						
9						
10						

3. 建立一个人才市场信息库，至少包含5个人才市场的信息，详见表9。

表9　人才市场信息收集表

序号	人才市场名称	地址	电话	网址	交通路线	管理情况	其他情况
1							
2							
3							
4							
5							

4. 建立一个求职网站信息库，至少包含5个求职网站的信息，详见表10。

表10　求职网站信息收集表

序号	网站名称	网址	网站特色	网站管理情况	其他情况
1					
2					
3					
4					
5					

5. 就自己所学专业涉及的职业岗位，从不同渠道收集本地区最近一周的就业信息，详见表11。

表 11 本地区最近一周相关就业信息收集表

序号	招聘单位	岗位名称	招聘人数	招聘要求	信息来源
1					
2					
3					
4					
5					

板书设计

第二单元 第一课 精准获取就业信息（一）

一、就业信息是什么

1. 宏观就业信息。
2. 微观就业信息。

二、收集就业信息的原则

1. 准确性、真实性。
2. 计划性、条理性。
3. 全面性、系统性。
4. 实用性、时效性。

三、收集就业信息的方法

1. 全方位收集法。
2. 定方向收集法。
3. 定区域收集法。

四、收集就业信息的渠道

1. 学校就业指导机构。
2. 企业招聘网页。
3. 专业的求职网站。

4. 人才招聘会。
5. 社会关系网。
6. 社会实践和毕业实习单位。
7. 大众传媒。

第一课　精准获取就业信息（二）

<table>
<tr><td>教学单元/课</td><td>第二单元　第一课　精准获取就业信息（二）</td><td>课时</td><td colspan="3">2</td></tr>
<tr><td>授课方式</td><td>案例法、评比法、讨论法、讲授法</td><td>作业题数</td><td>2</td><td>拟用时间</td><td>90 分钟</td></tr>
<tr><td>教学目的</td><td>1. 课前，要求学生完成作业，巩固上节课知识
2. 课中，通过案例分析、小组活动、讨论、讲授等形式，让学生学会筛选就业信息、甄别就业信息、辨别求职陷阱
3. 课后，让学生完成招聘启事的设计，预习本单元第二课的内容，为下次课的学习做准备</td><td>教学资源</td><td colspan="3">1. PPT 课件
2. 学业评价表
3. 教学视频</td></tr>
<tr><td>教学重点</td><td>通过案例分析、小组活动、讨论、讲授等形式，让学生学会筛选就业信息、甄别就业信息、辨别求职陷阱</td><td>教学难点</td><td colspan="3">让学生辨别求职陷阱</td></tr>
<tr><td>说明</td><td colspan="5">1. 面对海量招聘信息，学生经常难以抉择。通过本次课的学习，学生可以学会如何从海量招聘信息中筛选有用的信息并合理应用
2. 缺乏社会经验的学生在求职过程中容易上当受骗，列举一些求职陷阱让学生了解，非常有意义</td></tr>
</table>

新课导入（评比法，20 分钟）

一、各组对组内成员的作业进行讨论、评比（10 分钟）

1. 上节课的课后作业是完成就业信息库的搭建，同学们的作业完成情况如何呢？请大家把作业展示出来，各组轮流对每个成员的作业进行讨论，并进行打分。详见表 1。

表 1　作业评分表

序号	评价项目	评分标准	得分
1	该作业的书写是否工整	优：16~20 良：11~15 中：6~10 差：0~5	
2	该作业的内容是否详细	优：16~20 良：11~15 中：6~10 差：0~5	
3	该作业的内容是否符合题目要求	优：16~20 良：11~15 中：6~10 差：0~5	
4	是否全部完成该作业	优：16~20 良：11~15 中：6~10 差：0~5	
5	完成该作业的态度如何	优：16~20 良：11~15 中：6~10 差：0~5	
总分			

2. 各组代表上台点评本组成员的作业完成情况：哪些同学的作业质量比较好，体现在哪里？哪些同学的作业还有优化空间，为什么？可以参考评分表中的评分项目进行点评。

二、学生对自己收集的本地区一周内的就业信息进行评分、排序（10 分钟）

教师提供一份就业岗位平衡单给学生，让每个学生对自己所收集的本地区一周内的就业信息进行分析并评分。学生完成评分后，对自己收集的这些就业信息进行分类排序，筛选出非常理想的岗位、较为理想的岗位、不太理想的岗位、极不合适的岗位、无效的岗位。详见表 2。

表 2 就业岗位平衡单

评分项目（分值范围为 1~10）	岗位信息一得分	岗位信息二得分	岗位信息三得分	岗位信息四得分	岗位信息五得分	岗位信息六得分
信息真实可靠						
信息内容完整						
与专业对口						
符合个人能力						
符合个人兴趣						
符合个人性格						
未来发展前景良好						
就业地区合适						
薪资待遇合适						
合计						

教师总结：刚刚我们对就业信息的各方面情况进行评分、排序，以便筛选出适合自己的岗位。那么，我们在筛选就业信息时应该注意什么问题呢？

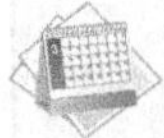

新课进程（60 分钟）

一、阅读课本案例《八面来风、善于捕捉就业信息的小王同学》（讨论法，10 分钟）

【分组讨论】

为什么说小王同学八面来风、善于捕捉就业信息？他是通过哪些途径捕捉就业信息的？你还有什么建议给他吗？

【小组代表回答】

1. 留自荐材料给班主任，请班主任帮忙推荐。
2. 请学校负责就业推荐的老师告知就业信息。
3. 请低年级的朋友定期告知学校就业信息栏的重要信息。
4. 查询未来两个月内各地人才交流会的信息。

二、筛选就业信息时要注意的问题（讲授法，10 分钟）

1. 掌握重点，避免盲从。重点信息要留存，一般信息作参考。认真分析，慎重选择。

2. 深入了解，善于请教。全面掌握情况，深入了解相关就业信息。

3. 善于对比，分清主次。辨别真伪，剔除过时的、虚假的信息。

4. 人职匹配，适合自己。结合自己的兴趣、爱好、能力等条件，判断自己是否能够胜任岗位。

三、就业信息的应用（讨论法，10 分钟）

【教师提问，学生分组讨论】

就业信息有哪些用途，如何应用？

【各组学生代表发言】

1. 用来求职，因为要根据就业信息制作简历、投递简历。

2. 用来发现自己的不足。因为知己知彼，才能百战不殆。就业信息可以帮我们了解用人单位对各岗位人才的要求，检视自己的不足并努力弥补自己的不足。

3. 用来跟同学、朋友共享，帮助他人就业。

4. 用来了解市场对人才的需求情况。

四、合理甄别就业信息，谨防求职陷阱（案例法，20 分钟）

先给同学们观看一个介绍有关就业诈骗的视频《高校毕业生就业指导公开课——求职陷阱需防范》，让大家初步了解在求职过程中可能会遭遇的陷阱。

【教师提问】

通过观看视频，我们了解了哪些求职陷阱？

【学生回答】

1. 要求应聘者交纳“保证金”等费用。

2. 要求应聘者介绍他人加盟。

3. 不签订就业协议书。

4. 不将承诺写入合同。

5. 窃取应聘者的私人资料或作品。

6. 招聘单位“无限期试用”。

【教师强调】

我们要学会甄别就业信息，增强防范意识和维权意识，在甄别线上、线下就业信息时，我们要注意以下几个问题。

（一）甄别线上就业信息

1. 警惕山寨招聘网站和虚假招聘网页。

2. 警惕虚假招聘信息。

3. 防止个人信息泄露。

4. 警惕空头支票。

5. 不轻信高职、高薪诱惑。

6. 警惕网络兼职骗局。

（二）甄别线下就业信息

1. 警惕收取费用（正规单位是不会用代收体检费等理由收取费用的。警惕先支付培训费后安排就业的培训机构）。

2. 警惕非法传销（也要警惕被亲戚、朋友、同学等熟人以好工作、高薪资名义诱骗至传销窝点）。

3. 警惕证件扣押（单位和个人无权扣留他人证件原件）。

4. 警惕“只试用不聘用”（认真学习关于试用期的相关法律条款）。

五、能力迁移：案例分析（讨论法，10 分钟）

阅读课本案例，讨论下面几个问题：

1. 周可在网上找的这个岗位是不是真的适合他？为什么？

2. 周可找这个岗位时有没有考虑自己的专业、能力、特长、兴趣等方面的因素？

3. 如果你是周可，当公司领导跟你说需要参加系统化培训，但是需要 10 000 元培训费时，你会怎么说？为什么？

4. 最后培训费也交了，培训也结束了，周可却没有得到所谓的企事业单位高薪岗位，他该怎么办？

【教师总结】

在搜寻就业信息时，不要一看到自己符合对方的条件，就认为这是适合自己的岗位，我们还要综合自己的所学专业、能力、特长、兴趣等因素，看自己的能力是否能得到体现并提升，核心竞争力能否得到展示等。案例中的周可没有全面地分析自己的能力，也没有做职业规划，在对信息进行筛选和甄别时做得也不到位，最终导致上当受骗。

新课小结（5 分钟）

通过本次课的学习，我们了解了筛选和应用就业信息的方法及注意事项，学习了如何甄别就业信息、防止落入求职陷阱的方法。通过案例分析，我们也知道了在求职过程中需要时刻保持警惕。接下来，我们对本节课的学习情况进行评价。

一、各学习小组组长根据成员表现，对各成员进行量化打分，这部分得分占学生课堂评分的 40%

相关内容详见表 3。

表 3　他评表

序号	评价项目	评分标准	得分
1	该成员在团队中是否积极参与讨论	优：16~20 良：11~15 中：6~10 差：0~5	
2	该成员在团队中是否服从安排	优：16~20 良：11~15 中：6~10 差：0~5	
3	该成员在团队中承担的任务分量	任务重：16~20 任务较重：11~15 任务较轻：6~10 没有或很少承担任务：0~5	
4	该成员对所分配任务的完成度	优：16~20 良：11~15 中：6~10 差：0~5	
5	该成员的学习效果	优：16~20 良：11~15 中：6~10 差：0~5	
他评总分			

二、学生根据自己的课堂表现进行自评，这部分得分占学生课堂评分的 20%

相关内容详见表 4。

表 4　自评表

序号	评价项目	评分标准	得分
1	本人在整个课堂活动中的表现是否积极主动	优：16~20 良：11~15 中：6~10 差：0~5	

续表

序号	评价项目	评分标准	得分
2	本人在团队中是否服从安排	优：16~20 良：11~15 中：6~10 差：0~5	
3	与其他成员相比，本人在团队中承担的任务分量	任务重：16~20 任务较重：11~15 任务较轻：6~10 没有或很少承担任务：0~5	
4	本人对所分配任务的完成度	优：16~20 良：11~15 中：6~10 差：0~5	
5	本人对课堂学习内容的理解和掌握程度	优：16~20 良：11~15 中：6~10 差：0~5	
自评总分			

三、教师根据各小组的课堂表现，对学生进行学业评价，这部分得分占学生课堂评分的40%

相关内容详见表5。

表5 师评表

组别	评价项目	评分标准	得分
第组	团队精神（40）	团队成员参与度高，有好的合作态度和集体荣誉感	
	创新精神（30）	观点合情合理，有一定的创新性，令人耳目一新、颇有启发	
	表达能力（30）	积极发言，表达流畅，声音洪亮，仪态大方	
	师评总分		

课堂评分=他评总分×40%+自评总分×20%+师评总分×40%=__________

四、教师根据学生课前课后作业完成情况进行评分（课外时间完成）

相关内容详见表6。

表6　课前课后作业评价表

学号	姓名	作业得分 优：91~100　良：81~90　中：61~80　差：0~60	备注

个人总分=课堂评分×70%+作业得分×30%

五、教师将学生本堂课的个人总分登记在本课程的课堂评价表中，期末计算学期平均分，这部分得分占本科目期末成绩的40%（课外时间完成）

相关内容详见表7。

表7　课堂评价表

学号	姓名	第一周	第二周	……	……	……	……	学期总分	学期平均分	备注

作业布置（5分钟）

作业1：设计一则招聘启事

假设你是某企业的人力资源部主管，目前要招聘1名我们所学专业对口岗位（具体岗位自定，与专业对口即可）的毕业生，请设计一则招聘启事。

流程：

1. 提前通过网络查找信息或通过实地调查企业、访谈相关人员等方式，了解自己专业所对应的职业及相关具体岗位对求职者的要求。

2. 完成招聘启事的拟写。

教师提供参考格式：

×××公司招聘×××

<table>
<tr><td>公司性质</td><td></td><td>公司规模</td><td></td><td>单位网址</td><td></td></tr>
<tr><td>公司基本情况</td><td colspan="5"></td></tr>
<tr><td>学历要求</td><td></td><td>工作地区</td><td></td><td>年龄要求</td><td></td></tr>
<tr><td>工作年限要求</td><td></td><td>婚姻状况要求</td><td></td><td>待遇</td><td></td></tr>
<tr><td>岗位工作职责</td><td colspan="5"></td></tr>
<tr><td>任职要求（含专业知识、职业资格、能力、品德等方面的要求）</td><td colspan="5"></td></tr>
<tr><td>联系方式</td><td colspan="5"></td></tr>
</table>

作业 2：预习第二单元第二课，思考并尝试回答课本“翻转课堂”中《汪娜求职记》后面的问题。

板书设计

第二单元　第一课　精准获取就业信息（二）

一、筛选就业信息时要注意的问题

1. 掌握重点，避免盲从。
2. 深入了解，善于请教。
3. 善于对比，分清主次。
4. 人职匹配，适合自己。

二、就业信息的应用

1. 及时运用有价值的就业信息。
2. 根据就业信息发现自己的不足。
3. 共享就业信息。

三、合理甄别就业信息，谨防求职陷阱

（一）甄别线上就业信息

1. 警惕山寨招聘网站和虚假招聘网页。
2. 警惕虚假招聘信息。
3. 防止个人信息泄露。
4. 警惕空头支票。
5. 不轻信高职、高薪诱惑。
6. 警惕网络兼职骗局。

（二）甄别线下就业信息

1. 警惕收取费用。
2. 警惕非法传销。
3. 警惕证件扣押。
4. 警惕“只试用不聘用”。

第二课　掌握简历制作技巧（一）

<table>
<tr><td>教学单元/课</td><td>第二单元　第二课　掌握简历制作技巧（一）</td><td>课时</td><td colspan="3">2</td></tr>
<tr><td>授课方式</td><td>案例法、讨论法、问答法、讲授法</td><td>作业题数</td><td>1</td><td>拟用时间</td><td>90 分钟</td></tr>
<tr><td>教学目的</td><td>1. 课前，让学生通过拟写招聘启事，学会从招聘启事中获取关键信息，从而有的放矢地进行简历制作；通过翻转课堂《汪娜求职记》的阅读和思考，初步了解本课内容
2. 课中，让学生通过案例分析、讨论等形式，了解简历的构成要素和结构，学会根据招聘启事的内容，分析得出自己应聘相应岗位的优势条件
3. 课后，让学生针对招聘启事的要求挖掘个人优势条件，填写自我分析表</td><td>教学资源</td><td colspan="3">1. PPT 课件
2. 视频资料
3. 学业评价表</td></tr>
<tr><td>教学重点</td><td>让学生了解简历的构成要素，学会根据招聘启事的内容，分析自己应聘的优势条件</td><td>教学难点</td><td colspan="3">指导学生根据招聘启事的内容完成岗位信息分析表和自我分析表的填写</td></tr>
<tr><td>说明</td><td colspan="5">1. 学生对专业对口的各个岗位的工作要求可能了解不多，教师通过组织对上次课作业的评价，让学生全面深入地了解岗位的工作职责、任职要求等信息，从而有针对性地分析自己的能力和条件，为学习制作简历做好铺垫
2. 本次课的内容主要是为简历制作打基础，比较重要</td></tr>
</table>

新课导入（10 分钟）

指导学生对上次课的作业进行评价（各组员互评上节课的作业——招聘启事，按照教师提供的评分表互相打分）

上节课的作业——设计和制作一则招聘启事，每个人的作业完成情况如何呢？请先互相打分，再由各组派代表简略地点评本组组员招聘启事的优点和缺点，并提出修改完善的建议。评分表详见表 1。

表 1 招聘启事评分表

序号	评价项目	评分标准	得分
1	该招聘启事的要素是否齐全	优：16~20 良：11~15 中：6~10 差：0~5	
2	该招聘启事的内容是否具体	优：16~20 良：11~15 中：6~10 差：0~5	
3	该招聘启事中的岗位职责和要求是否清晰	优：16~20 良：11~15 中：6~10 差：0~5	
4	该招聘启事的内容与招聘岗位是否吻合	优：16~20 良：11~15 中：6~10 差：0~5	
5	该作业完成的态度如何	优：16~20 良：11~15 中：6~10 差：0~5	
总分			

【教师总结】

发布招聘启事的目的是想要招聘更适合岗位的人才，所以各要素都要齐全，内容要具体，岗位职责和要求要清晰，描述的岗位职责和要求要与招聘岗位相吻合，只有做到这些，才能更便于求职者求职。

新课进程（70 分钟）

一、翻转课堂：对课本中的《汪娜求职记》进行学习和讨论（案例法+讨论法，10 分钟）

师问 1：汪娜最终能够成功就业，最关键的因素有哪几个？

生答：在校企合作单位进行了几个月的顶岗实习，积累了一定的工作经验，制作了能充分展示自己的个性化简历，做好了充分的就业准备。

师问 2：你是否有实习经历？如果有，相关实习经历能体现你的何种品质；如果没有，你会如何书写你的简历。

生答 1：我有几个月的实习经历，相关经历能体现出我吃苦耐劳、有恒心和毅力、有良好的团队合作精神、有较好的沟通能力等。

生答 2：我没有实习经历，但我有比较丰富的社团工作和志愿活动组织经历。在制作简历时，我会针对应聘岗位的要求，展示我符合应聘岗位要求的相关经历。

师问 3：你即将从技工院校毕业，看到用人单位的招聘信息后想去应聘，你将如何通过撰写简历来体现你能够胜任这份工作呢？

生答：我会认真地分析用人单位的要求，针对对方的要求介绍自己的教育背景、工作经验、相关技能和职业素养，充分展示自己能胜任这份工作的条件。

师问 4：你认为投递简历有哪些渠道？

生答：可以通过邮政或者快递投递纸质简历，通过电子邮箱将电子简历发送到用人单位的招聘邮箱，也可以通过招聘单位网站的“人才招聘”栏目直接递交个人简历，还可在专业人才招聘网站注册后发送简历。

师问 5：你会选择哪种渠道投递你的简历？为什么？

生答：我会选择多个渠道投递简历，进行自我推荐。当然，如果用人单位有指定的途径来收集简历，我会按照用人单位的要求投递简历。

二、请你当评委，对两份简历进行评判（问答法，10 分钟）

教师准备两份简历，展示给学生看。要求学生判断哪份是成功的简历，哪份是失败的简历。简历评价标准见表 2。

表 2　简历评价标准

内容	成功的简历	失败的简历
个人信息	简明扼要、各要素完整清晰	信息不全，不够简明扼要
求职目标	明确、针对性强	模糊
教育情况	叙述清楚，针对应聘岗位列出关键课程	简单列出全部课程
实习经历	针对应聘岗位列举相关的实习或兼职经历	像记流水账一样列出实习或兼职经历，很多经历与应聘岗位无关
奖励情况	针对应聘岗位列举相关的奖项	简单罗列，诸多奖项并列，难以搜寻到有用的信息

续表

内容	成功的简历	失败的简历
个人技能	突出与应聘岗位相关的技能	无针对性
个人特长	重点列举便于高效工作的特长	介绍的特长与应聘岗位无关
语言文字	言简意赅	太夸张或太乏味

教师提问：以上两份简历，哪份更优秀？为什么？学生回答后，教师总结，明确优秀简历应具备哪些特征，以此引出简历基本内容的学习。

三、简历的基本内容（讲授法，20 分钟）

1. 个人基本情况：包括姓名、性别、出生日期、民族、政治面貌、联系方式等。要简明、扼要，方便联系。

2. 求职意向：开门见山、一句话说明。求职意向控制在两个以内，而且必须都与自己专业相关。若两个岗位与专业相差甚远，会给招聘人员造成求职目标飘忽不定的印象。

3. 教育背景：包括学校、时间段、专业、学历、主修课程等。一般先列出最高学历，然后从高到低回溯，写明就读学校名称和专业情况，包括正规、非正规的成人教育和专业培训。

4. 社团、社会实践或实习经历：包括曾经参加过的社团、担任的职务及主要经历，参加社会实践或实习的时间、地点和效果，参加勤工俭学的经历和效果等。注意不要偏离主题，要与岗位相关，与岗位无关的要根据实际情况适当写。

5. 所获荣誉：包括三好学生、优秀团员、优秀学生干部、各种奖学金等。最好与招聘单位所要求的技能相关。若奖项太多，可挑级别较高的进行介绍。若奖项较少，可不单独列出，根据实际情况在教育背景或实习经历中表述。要重点突出自己参加各级各类职业技能大赛的情况。

6. 相关技能：包括办公软件操作技能、专业技能、沟通技能等。注意要与应聘岗位有直接联系。

7. 其他个人信息：特长、兴趣爱好等。

8. 自我评价：用一句话概括总结自身素质。根据应聘岗位，介绍自己能胜任岗位的素质。

四、请你来分类（讲授法，15 分钟）

1. 简历按格式可以分为 3 种，即条列式、表格式、复合式。教师讲完这 3 种简历的特征后提供往届学生的简历范本，请学生将这些简历按格式进行分类。

2. 简历按内容来分，可以分为 3 种类型，即时序型、功能型、复合型。教师先讲授这 3 种简历的特征，再提供多份简历范本，请学生按内容进行分类。教师总结各种简历的适用场景。

五、课堂练习（讨论法，15 分钟）

1. 各组挑选出组内得分最高的招聘启事进行修改完善，并提炼岗位信息，讨论并填写岗位信息分析表。详见表 3。

表 3 岗位信息分析表

分析项目	具体内容
岗位名称	
岗位职责	
任职要求	1. 教育背景 2. 工作经验 3. 知识技能 4. 个性特征 5. 身体素质 6. 职业素养 7. 其他要求
工作环境	
直接上级	
职业发展	

2. 各组代表上台用简练的语言对岗位信息进行描述。

新课小结（5 分钟）

通过本次课的学习，我们了解了简历的构成要素和简历的类型，初步接触了不同种类的简历，对简历有了一些感性的认识。我们也学会了对招聘启事的信息进行分析、描述，这些都是在为我们制作简历做准备。接下来，我们对本节课的学习情况进行评价。

一、各学习小组组长根据成员表现，对各成员进行量化打分，这部分得分占学生课堂评分的40%

相关内容详见表4。

表4　他评表

序号	评价项目	评分标准	得分
1	该成员在团队中是否积极参与讨论	优：16~20 良：11~15 中：6~10 差：0~5	
2	该成员在团队中是否服从安排	优：16~20 良：11~15 中：6~10 差：0~5	
3	该成员在团队中承担的任务分量	任务重：16~20 任务较重：11~15 任务较轻：6~10 没有或很少承担任务：0~5	
4	该成员对所分配任务的完成度	优：16~20 良：11~15 中：6~10 差：0~5	
5	该成员的学习效果	优：16~20 良：11~15 中：6~10 差：0~5	
他评总分			

二、学生根据自己的课堂表现进行自评，这部分得分占学生课堂评分的20%

相关内容详见表5。

表5　自评表

序号	评价项目	评分标准	得分
1	本人在整个课堂活动中的表现是否积极主动	优：16~20 良：11~15 中：6~10 差：0~5	

续表

序号	评价项目	评分标准	得分
2	本人在团队中是否服从安排	优：16~20 良：11~15 中：6~10 差：0~5	
3	与其他成员相比，本人在团队中承担的任务分量	任务重：16~20 任务较重：11~15 任务较轻：6~10 没有或很少承担任务：0~5	
4	本人对所分配任务的完成度	优：16~20 良：11~15 中：6~10 差：0~5	
5	本人对课堂学习内容的理解和掌握程度	优：16~20 良：11~15 中：6~10 差：0~5	
自评总分			

三、教师根据各小组的课堂表现，对学生进行学业评价，这部分得分占学生课堂评分的40%

相关内容详见表6。

表6 师评表

组别	评价项目	评分标准	得分
第　组	团队精神（40）	团队成员参与度高，有好的合作态度和集体荣誉感	
	创新精神（30）	观点合情合理，有一定的创新性，令人耳目一新、颇有启发	
	表达能力（30）	积极发言，表达流畅，声音洪亮，仪态大方	
	师评总分		

课堂评分＝他评总分×40%＋自评总分×20%＋师评总分×40%＝__________

四、教师根据学生课前课后作业完成情况进行评分（课外时间完成）

相关内容详见表 7。

表 7　课前课后作业评价表

学号	姓名	作业得分 优：91~100　良：81~90　中：61~80　差：0~60	备注

个人总分 = 课堂评分×70%+作业得分×30%

五、教师将学生本堂课的个人总分登记在本课程的课堂评价表中，期末计算学期平均分，这部分得分占本科目期末成绩的 40%（课外时间完成）

相关内容详见表 8。

表 8　课堂评价表

学号	姓名	第一周	第二周	……	……	……	……	学期总分	学期平均分	备注

作业布置（5 分钟）

每位同学参考本组评分最高的招聘启事和岗位信息分析表，对自己的各方面情况进行分析。详见表9。

表9 自我分析表

分析项目	具体内容
求职目标	
教育背景	
工作经验	
知识技能	
个性特征	
身体素质	
兴趣爱好	
自我评价	

板书设计

第二单元 第二课 掌握简历制作技巧（一）

一、简历的基本内容

1. 个人基本情况。
2. 求职意向。
3. 教育背景。
4. 社团、社会实践或实习经历。
5. 所获荣誉。
6. 相关技能。
7. 其他个人信息。
8. 自我评价。

二、简历的种类

（一）按格式分

1. 条列式简历。
2. 表格式简历。

3. 复合式简历。

（二）按内容分

1. 时序型简历。

2. 功能型简历。

3. 复合型简历。

第二课　掌握简历制作技巧（二）

<table>
<tr><td>教学单元/课</td><td>第二单元　第二课　掌握简历制作技巧（二）</td><td>课时</td><td colspan="3">2</td></tr>
<tr><td>授课方式</td><td>案例法、活动法、讨论法、讲授法</td><td>作业题数</td><td>2</td><td>拟用时间</td><td>90 分钟</td></tr>
<tr><td>教学目的</td><td>1. 课前，让学生参考本组评分最高的招聘启事和岗位信息分析表，对自己应聘该岗位的条件及优势进行分析，填写自我分析表，为简历的制作积累材料
2. 课中，让学生通过案例分析、小组活动、讨论等形式，学习简历制作的技巧
3. 课后，让学生完成求职简历的制作并提交作业。通过练习，让学生真正掌握简历的制作技巧</td><td>教学资源</td><td colspan="3">1. PPT 课件
2. 视频资料
3. 学业评价表</td></tr>
<tr><td>教学重点</td><td>通过案例分析、小组活动、讨论、讲授等形式，使学生掌握简历制作的技巧</td><td>教学难点</td><td colspan="3">使学生能根据招聘启事的要求，分析自己的优势条件，完成简历的制作，制作出针对性强、有竞争力的简历</td></tr>
<tr><td>说明</td><td colspan="5">1. 在教学过程中，安排“晒晒我自己”的环节，让学生针对岗位要求发现自身优点，从而在简历中展示出自己是一个能胜任岗位的求职者
2. 本次课的主要内容是简历制作，非常重要</td></tr>
</table>

新课导入（案例法，10 分钟）

阅读课本中的案例，思考下面的问题：

1. 韩伟面试失败的主要原因是什么？

2. 怎样才能避免此类问题出现？

师问 1：韩伟面试失败的主要原因是什么？

生答：没有修改简历。韩伟面试的是市场策划岗位，却没有针对该岗位介绍自己相关的工作经验，不能将已有的工作经验与应聘的岗位紧密联系起来。当招聘人员提问韩伟这个问题时，韩伟也未能很好地回答，这让招聘单位心存顾虑，担心其没有胜任该岗位的能力和经验。

师问 2：怎样才能避免此类问题出现？

生答：要将工作经验与应聘岗位建立起密切的关系。介绍工作经验是为了证明自己曾经做过相关的工作，完成情况较好，具备相应的知识和技能，能胜任应聘的岗位。

师总结：简历的制作非常关键，不能千人一面或者一份简历走天下。这节课，我们重点学习简历制作技巧。

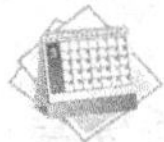

新课进程（70 分钟）

一、学生活动一：晒晒我自己（活动法，20 分钟）

学生拿出上节课的作业——自我分析表，每组各派一个代表上台，先介绍应聘的岗位，再从教育背景、工作经验、所获荣誉、知识技能、个性特征等方面入手，“晒”出自身的优势，说出自己胜任岗位的各种条件。教师提前发放活动评价表，便于各组相互评价、打分。详见表 1。

表 1　“晒晒我自己”活动评价表

序号	评价项目	评分标准	得分
1	该同学的语言表达是否清晰	优：16~20 良：11~15 中：6~10 差：0~5	
2	该同学的优势条件是否与岗位匹配	优：16~20 良：11~15 中：6~10 差：0~5	
3	该同学的优势条件是否充分	优：16~20 良：11~15 中：6~10 差：0~5	
4	该同学表达时是否自信	优：16~20 良：11~15 中：6~10 差：0~5	
5	该同学的仪表姿态是否端庄大方	优：16~20 良：11~15 中：6~10 差：0~5	
总分			

【教师总结】

我们这几节课分析了专业对口岗位对人才的要求，针对岗位要求分析了自己的优势和条件，同学们的分析都很到位，我们已经为简历的制作做了充分准备。接下来，我们来当评委，给上届同学制作的一份简历写评语及建议。

二、学生活动二：我来当评委（活动法，20 分钟）

1. 教师展示一份上届同专业学生制作的较为优秀的简历，让学生参考评价指标写评语及建议。要求内容具体、书写工整。详见表 2。

2. 学生在课堂上完成任务后，请两个学生代表评价一下这份简历。

表 2　简历评语及建议表

简历各项内容	评价指标	评语及建议
标题	是否简明、扼要、完整	
相片	是否大方、得体、正式	
个人信息	是否完整、准确	
求职目标	是否明确、针对性强	
教育背景	是否介绍清楚，是否针对求职岗位列出关键课程	
工作经验	是否针对求职岗位列举相关实习或兼职经历	
获奖情况	是否强调奖项级别，用奖项突出自己	
个人技能	是否与求职岗位相关，是否突出相关专业技能，如专业知识技能、自我管理技能等	
性格爱好、特长	是否能针对岗位要求，通过个人爱好、特长来补充说明自己在某些素质或能力上存在优势	
文字	是否言简意赅、无错别字	
排版	是否美观、大方	
页数	是否控制在一页纸内	

三、简历制作技巧（讲授法，15 分钟）

教师总结简历制作技巧。

1. 求职意向：开篇明确。

2. 个人信息：完整、严谨。

3. 用实例或数据说话，避免空洞。求职者的实习经历是用人单位很想了解的，简历中可详细地介绍实习单位名称、实习岗位、职责、实习时间、个人工作成就等，加上实例或数据，找出最能证明能力的真实例子。同时，还可以把实习评语附在简历后面。

4. 保证简历的真实性。遵守诚信的道德准则，不妄加并不存在的荣誉，也不虚构实习、实践经历。

5. 简历一定要“量身定做”。要针对不同用人单位和岗位制作内容不同的简历，这是因为不同用人单位和岗位所要求的特长和技能不同。韩伟的案例就证明了这点。

6. 提炼语言，详略得当。一页纸即可，内容高度浓缩，语言精练，尽量不用长句和修辞手法，突出与应聘岗位高度相关的内容。

7. 投递简历前注意格式调整和字词检查。调整格式，使简历清晰美观、整洁得体；检查用词和拼写、标点符号等，避免出现错误。

8. 简历制作要体现 3 个关键词：

（1）独特。用关键词体现优势，用行为动词优化语言，用专业术语包装简历。切记，要用可量化的数字描述实习经历。

（2）相关。针对目标岗位制作简历，不要用一份简历包打天下。

（3）简洁。

9. 工作经验不足，可突出实习和兼职经历，突出社团活动经历，强调自己快速学习的能力，强调自己勤奋努力，如愿意时常出差或被外派。

四、案例分析（案例法+讨论法，15 分钟）

讨论课本案例《00 后的多媒体简历求职》，说说 4 个人的多媒体简历分别可以包含哪些内容。教师先分任务给各小组（每组讨论 1 个人的简历），小组讨论并将讨论结果记录下来。讨论结束后，各组派代表展示讨论结果。

1. 小朱学的是动漫专业，他的多媒体简历可以包含个人电子简历、获奖作品或者是高质量的作业（作品），可以用动漫专业常用的软件制作。

2. 小林想要应聘的是英语教育机构的教师职位，她的多媒体简历可以包含个人电子简历，录制的英语比赛视频（如英文歌曲演唱比赛、英文演讲比赛视频等），音频等内容。

3. 小戴学的是营销专业，他的多媒体简历可包含介绍自己所开网店的视频，或者是自己策划并开展的形式多样的网络宣传活动、促销活动照片或视频等，让对方相信他的销售才能。

4. 小马可用 PPT 课件呈现自己的性格测评结果、职业规划计划书、自己写的文章，还有自己获得的奖励和荣誉等。

教师提问：我们可以制作哪些形式的多媒体简历，可以将哪些内容做到多媒体简历中？

新课小结（5分钟）

通过本次课的学习，我们分析了自己的优势，学习了简历的制作技巧，了解了不同形式的多媒体简历，接下来我们就可以进行简历的制作了，相信大家都可以制作出优秀的简历。现在，我们对本节课的学习情况进行评价。

一、各学习小组组长根据成员表现，对各成员进行量化打分，这部分得分占学生课堂评分的40%

相关内容详见表3。

表3　他评表

序号	评价项目	评分标准	得分
1	该成员在团队中是否积极参与讨论	优：16~20 良：11~15 中：6~10 差：0~5	
2	该成员在团队中是否服从安排	优：16~20 良：11~15 中：6~10 差：0~5	
3	该成员在团队中承担的任务分量	任务重：16~20 任务较重：11~15 任务较轻：6~10 没有或很少承担任务：0~5	
4	该成员对所分配任务的完成度	优：16~20 良：11~15 中：6~10 差：0~5	
5	该成员的学习效果	优：16~20 良：11~15 中：6~10 差：0~5	
他评总分			

二、学生根据自己的课堂表现进行自评，这部分得分占学生课堂评分的20%

相关内容详见表4。

表4　自评表

序号	评价项目	评分标准	得分
1	本人在整个课堂活动中的表现是否积极主动	优：16~20 良：11~15 中：6~10 差：0~5	
2	本人在团队中是否服从安排	优：16~20 良：11~15 中：6~10 差：0~5	
3	与其他成员相比，本人在团队中承担的任务分量	任务重：16~20 任务较重：11~15 任务较轻：6~10 没有或很少承担任务：0~5	
4	本人对所分配任务的完成度	优：16~20 良：11~15 中：6~10 差：0~5	
5	本人对课堂学习内容的理解和掌握程度	优：16~20 良：11~15 中：6~10 差：0~5	
自评总分			

三、教师根据各小组的课堂表现，对学生进行学业评价，这部分得分占学生课堂评分的40%

相关内容详见表5。

表5　师评表

组别	评价项目	评分标准	得分
第 组	团队精神（40）	团队成员参与度高，有好的合作态度和集体荣誉感	
	创新精神（30）	观点合情合理，有一定的创新性，令人耳目一新、颇有启发	
	表达能力（30）	积极发言，表达流畅，声音洪亮，仪态大方	
	师评总分		

课堂评分=他评总分×40%+自评总分×20%+师评总分×40%=______

四、教师根据学生课前课后作业完成情况进行评分（课外时间完成）

相关内容详见表6。

表6 课前课后作业评价表

学号	姓名	作业得分 优：91~100　良：81~90　中：61~80　差：0~60	备注

个人总分=课堂评分×70%+作业得分×30%

五、教师将学生本堂课的个人总分登记在本课程的课堂评价表中，期末计算学期平均分，这部分得分占本科目期末成绩的40%（课外时间完成）

相关内容详见表7。

表7 课堂评价表

学号	姓名	第一周	第二周	……	……	……	……	学期总分	学期平均分	备注

作业布置（5 分钟）

1. 认真阅读课本“议一议”中的内容，思考“议一议”后的问答题，并将答案写在作业本上。

2. 参考已制作的招聘启事，制作 1 份个人简历，提交电子版和纸质版。

板书设计

第二单元　第二课　掌握简历制作技巧（二）

开篇突出求职意向。

基本信息填写完整。

用实例或数据说话，避免空洞。

保证简历的真实性。

简历一定要“量身定做”。

提炼语言，详略得当。

投递简历前要注意格式调整和字词检查。

简历制作要体现 3 个关键词。

工作经验不足要用其他弥补。

第二课　掌握简历制作技巧（三）

<table>
<tr><td>教学单元/课</td><td>第二单元　第二课　掌握简历制作技巧（三）</td><td>课时</td><td colspan="3">2</td></tr>
<tr><td>授课方式</td><td>案例法、讨论法、讲授法、活动法</td><td>作业题数</td><td>2</td><td>拟用时间</td><td>90 分钟</td></tr>
<tr><td>教学目的</td><td>1. 课前，要求学生预习课本“议一议”中的内容，比较两位求职者所描述的实习经历的区别
2. 课中，通过案例分析、小组活动、讨论等形式，让学生了解简历后可附的其他材料，让学生学会修改并投递简历
3. 课后，要求学生修改简历，尝试投递简历，巩固所学知识</td><td>教学资源</td><td colspan="3">1. PPT 课件
2. 视频资料
3. 学业评价表</td></tr>
<tr><td>教学重点</td><td>通过案例分析、小组活动、讨论等形式，让学生学会修改并投递简历</td><td>教学难点</td><td colspan="3">让学生发现自己简历的不足之处并进行修改</td></tr>
<tr><td>说明</td><td colspan="5">学生完成简历制作后并没有修改简历的意识，不能发现简历中存在的问题。通过课堂上多种形式的学习，学生能对自己的简历进行分析并发现不足，从而及时进行修改和完善</td></tr>
</table>

新课导入（案例法，10 分钟）

讨论课本 P75“议一议”中的内容。

师问 1：两名求职者的实习经历是否类似？两名求职者对实习经历的描述有何不同？

生答：两名求职者的实习经历类似，但是对实习经历的描述却大不相同。其中，求职者 A 的描述简单笼统，求职者 B 的描述具体详细。

师问 2：由于时间关系，你只能面试其中一人，你会选择哪位求职者？为什么？

生答：选择求职者 B，因为从 B 的实习经历描述中，可以详细地了解到其在实习过程中做了哪些工作，完成的情况如何，工作效果如何，而这些恰好是用人单位迫切需要了解的。求职者 B 的介绍，可以让用人单位了解到他在实习中的优秀表现和突出成绩。所以，相比之下，用人单位更愿意选择 B 进行面试。

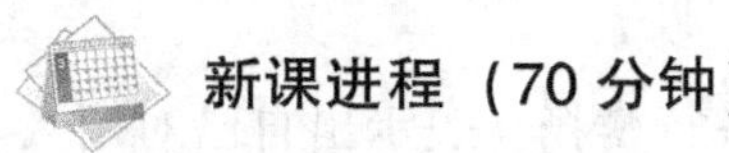

新课进程（70 分钟）

一、简历的其他附加材料（讲授法，25 分钟）

我们在这几节课中所讲的简历较为简单，篇幅不长，仅一张 A4 纸而已。其实，很多毕业生的简历内容非常丰富，因为有时仅凭一页纸很难让对方直观全面地了解自己。那么，我们还可以补充一些什么材料呢？

教师展示一份含有封面、求职信、证书等复印件、个人作品等的简历材料。向学生提问：这份简历还加入了哪些材料？

教师总结：如有需要，可以在简历后附上求职信、荣誉证书和个人作品等材料，以便更直观、全面地展示自己。教师边讲授边指导学生制作关于简历材料组成的思维导图。

（一）求职信

求职信是求职者向有关单位介绍自己的基本情况，提出求职请求，并请求对方考虑、答复的文书。求职信的格式一般分为标题、称呼、正文、附件和落款 5 个部分。

1. 标题

求职信的标题通常为文种名称，即在第一行中间用较大字体写上“求职信”。有时也可以写作“自荐信”或“应聘信”。

2. 称呼

称呼要顶格。用人单位明确的，称呼中可直接写上单位名称，用“尊敬的”加以修饰，后以“单位名称+某领及其职务”或“单位名称+领导”落笔；单位不明确的，则可统称“尊敬的贵单位（公司或学校）领导”。

3. 正文

这是求职信的重点。求职信的正文一般由开头、主体、结尾 3 个部分组成。

（1）开头。开头先写问候、寒暄之语。然后进行简洁的自我介绍，说明写信的原因。

（2）主体。主体部分首先要介绍清楚自己的基本情况，如身份、年龄、学历、政治面貌等，给用人单位一个初步的印象。其次是根据自己的专业情况，针对用人单位的信息，或者了解到的用人单位的要求来具体地介绍自己，要把自己的专业特长（含所学课程），业务技能（含资格证书、获奖情况），外语水平及其他潜在的能力和优点呈现出来，突出自己的相关实力，强调自己的经历、技能和成绩。同时，还应对自己的性格特征、敬业态度、奉献精神、合作意识等进行简要介绍，使用人单位意识到我们正是他们的最佳人选。这部分是求职信的关键，所以要多了解用人单位的信息，做到推荐和介绍自己时有较强的针对性。

(3) 结尾。在求职信的结尾，要适当地对用人单位进行赞扬，表示出自己对用人单位的向往。祝颂语、致敬语要独立成行。最后要留下自己的联系方式，包括邮政编码、通信地址、邮箱、电话号码等，方便用人单位联系。

4. 附件

求职信后面所附材料，常用以证明求职信所述内容属实，增强求职信的可信度，使用人单位充分了解求职者。

5. 落款

落款处要写上“求职者：×××”或“自荐人：×××”的字样，并标注年月日。如果求职信是打印或者复印件，署名处则要留下空白，由求职人手写签名，以示郑重和敬意。

（二）证书等复印件

毕业证书、职业资格证书、成绩单、英语等级证书、计算机证书、荣誉证书、社会实践证书、驾驶证、推荐信等。

按照先近期、后远期，先重要、后次要，先技能、后学历的顺序编排。根据要求可灵活调整。

（三）封面

封面项目：姓名、专业、联系电话、学校名称。

封面的制作原则：简洁大方有创意、主题鲜明、整洁干净。

（四）个人作品

根据应聘岗位需求，附上有代表性的、能展示实力的个人作品。

教师总结：上述材料是较为复杂且完整的简历附加材料，不要求每个同学都能做出这样的个人简历，但同学们需要了解一下，有需要时可选择使用。

二、评评我的简历（活动法，20 分钟）

教师将学生提交的纸质简历发到各组，组员互评简历并填写评价表，见表 1。组内轮流讨论每个组员的简历，并提出修改意见，帮助组员修改简历。

表 1 简历互评表

组成部分	评价标准	评语及建议
标题	是否简明、扼要、完整	
相片	是否大方、得体、正式	
个人信息	是否完整、准确	

续表

组成部分	评价标准	评语及建议
求职目标	是否明确、针对性强	
教育背景	是否介绍清楚，是否针对求职岗位列出关键课程	
工作经验	是否针对求职岗位列举相关实习或兼职经历	
获奖情况	是否强调奖项级别，用奖项突出自己	
个人技能	是否与求职岗位相关，是否突出相关专业技能，如专业知识技能、自我管理技能等	
性格爱好、特长	是否能针对岗位要求，通过个人爱好、特长来补充说明自己在某些素质、能力上有优势	
文字	是否言简意赅、无错别字	
排版	是否美观、大方	
附加材料	是否针对性强、简洁大方	

三、投递简历的途径及相应步骤（讨论法，10 分钟）

各组讨论：我们通过网络将简历投递给用人单位的途径有哪些？常见的步骤是怎样的？请讨论后将讨论结果记录下来，10 分钟后各组派代表进行总结、展示。

生答：

1. 通过电子邮箱发送求职简历到用人单位指定的邮箱。
2. 通过单位招聘网站的“人才招聘”栏目递交个人简历。
3. 通过专业人才交流网站发布个人求职信息。

常见的步骤是：

1. 收集网络招聘信息。
2. 在网站人才库中填写个人信息。
3. 网站注册、发布简历。

教师总结：在互联网发布个人简历后，我们要经常查询简历被浏览的次数，根据自身情况经常更新简历。如果查询到有合适的招聘信息，可以立即申请岗位，也可先对简历进行有针对性的修改，然后再申请岗位。发出求职申请后，还要主动与用人单位联系，争取面试机会。

四、投递简历的技巧（讲授法，15 分钟）

简历修改完善后，下一步就是投递简历，简历投递的技巧有哪些？

1. 弄清情况后再投递简历。留心辨别招聘信息的真实性和有效性，仔细浏览招聘单位简介、招聘职位介绍、信息发布时间、有效期等，必要时登录招聘单位的主页了解更多信息。详细地了解招聘职位的信息后，根据实际情况投递简历。

2. 按时投递简历。准确掌握招聘启事中对投递简历的时间要求，及时投递简历，做到早投、应投、尽投。

3. 电子邮件中的“主题”必填。电子邮件中的“主题”不能留有空白，需写上自己的姓名及应聘岗位，如“毕业于××学校的×××应聘××岗位（最早到岗时间）”或者“×××技能竞赛××奖获得者×××应聘×××岗位（最早到岗时间）”等。

4. 简历附件命名同“主题”呼应。先把简历转化为 PDF 格式再上传。如果还上传附件，注意命名方式与邮件“主题”呼应。若附件中有个人作品集，注意保护自己的劳动成果，可以在作品显示页上加水印。

5. 认真检查。发送简历前，要认真查看排版和效果，确保无乱码。

6. 用真实姓名。邮件发送人要填写真实姓名，忌用网络名字。

7. 勿上传超大文件。招聘人员往往没有时间去下载超大文件，因此，毕业生在选择作品集时要做取舍，对于实在太大的文件，建议上传到网盘或者视频平台，然后将作品链接发送给招聘人员。

新课小结（7 分钟）

本次课我们通过案例分析，比较了相同实习经历下不同描述方式所产生的不同效果，知道了要如何挖掘自身的优势；学习了简历的其他可附加材料，如求职信、证书等复印件、封面及个人作品等，明白了简历还可以添加更为丰富的材料；我们还相互评价了各自做的简历，了解了投递简历的途径、步骤和技巧。

接下来，我们对本节课的学习情况进行评价。

一、各学习小组组长根据成员表现，对各成员进行量化打分，这部分得分占学生课堂评分的 40%

相关内容详见表 2。

表2 他评表

序号	评价项目	评分标准	得分
1	该成员在团队中是否积极参与讨论	优：16~20 良：11~15 中：6~10 差：0~5	
2	该成员在团队中是否服从安排	优：16~20 良：11~15 中：6~10 差：0~5	
3	该成员在团队中承担的任务分量	任务重：16~20 任务较重：11~15 任务较轻：6~10 没有或很少承担任务：0~5	
4	该成员对所分配任务的完成度	优：16~20 良：11~15 中：6~10 差：0~5	
5	该成员的学习效果	优：16~20 良：11~15 中：6~10 差：0~5	
他评总分			

二、学生根据自己的课堂表现进行自评，这部分得分占学生课堂评分的20%

相关内容详见表3。

表3 自评表

序号	评价项目	评分标准	得分
1	本人在整个课堂活动中的表现是否积极主动	优：16~20 良：11~15 中：6~10 差：0~5	

续表

序号	评价项目	评分标准	得分
2	本人在团队中是否服从安排	优：16~20 良：11~15 中：6~10 差：0~5	
3	与其他成员相比，本人在团队中承担的任务分量	任务重：16~20 任务较重：11~15 任务较轻：6~10 没有或很少承担任务：0~5	
4	本人对所分配任务的完成度	优：16~20 良：11~15 中：6~10 差：0~5	
5	本人对课堂学习内容的理解和掌握程度	优：16~20 良：11~15 中：6~10 差：0~5	
自评总分			

三、教师根据各小组的课堂表现，对学生进行学业评价，这部分得分占学生课堂评分的40%

相关内容详见表4。

表4　师评表

组别	评价项目	评分标准	得分
第组	团队精神（40）	团队成员参与度高，有好的合作态度和集体荣誉感	
	创新精神（30）	观点合情合理，有一定的创新性，令人耳目一新、颇有启发	
	表达能力（30）	积极发言，表达流畅，声音洪亮，仪态大方	
	师评总分		

课堂评分＝他评总分×40%+自评总分×20%+师评总分×40%＝＿＿＿＿＿＿

四、教师根据学生课前课后作业完成情况进行评分（课外时间完成）

相关内容详见表5。

表5　课前课后作业评价表

学号	姓名	作业得分 优：91~100　良：81~90　中：61~80　差：0~60	备注

个人总分=课堂评分×70%+作业得分×30%

五、教师将学生本堂课的个人总分登记在本课程的课堂评价表中，期末计算学期平均分，这部分得分占本科目期末成绩的40%（课外时间完成）

相关内容详见表6。

表6　课堂评价表

学号	姓名	第一周	第二周	……	……	……	……	学期总分	学期平均分	备注

作业布置（3分钟）

1. 根据大家的意见，修改和完善自己的简历，使简历更具竞争力。
2. 预习第三课的内容。

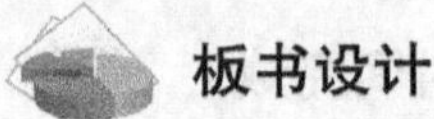

板书设计

第二单元　第二课　掌握简历制作技巧（三）

一、简历的其他附加材料

1. 求职信。
2. 证书等复印件。
3. 封面。
4. 个人作品。

二、投递简历的途径及相应步骤

1. 通过电子邮箱发送求职简历到用人单位指定的邮箱。
2. 通过单位招聘网站的“人才招聘”栏目递交个人简历。
3. 通过专业人才交流网站发布个人求职信息。

常见的步骤是：

1. 收集网络招聘信息。
2. 在网站人才库中填写个人信息。
3. 网站注册、发布简历。

三、投递简历的技巧

1. 弄清情况后再投递简历。
2. 按时投递简历。
3. 电子邮件中的“主题”必填。
4. 简历附件命名同“主题”呼应。
5. 认真检查。发送简历前，可以先把简历发送到自己的邮箱，看看排版和效果如何，确保无乱码。
6. 用真实姓名。邮件发送人要填写真实姓名，忌用网络名字。
7. 勿上传超大文件。

第三课　熟知面试通关法宝（一）

<table>
<tr><td>教学单元/课</td><td>第二单元　第三课　熟知面试通关法宝（一）</td><td>课时</td><td colspan="3">2</td></tr>
<tr><td>授课方式</td><td>案例法、讨论法</td><td>作业题数</td><td>2</td><td>拟用时间</td><td>90 分钟</td></tr>
<tr><td>教学目的</td><td>1. 课前，学生通过预习《陈越面试记》，完成对求职面试的初步理解
2. 课中，学生通过对经典面试案例进行讨论，感知面试的含义与特点，分析面试成功的要素
3. 课后，学生自学面试的分类，制作思维导图；预习面试前的着装、仪容、举止等准备常识，为课堂模拟面试做好准备</td><td>教学资源</td><td colspan="3">1. PPT 课件
2. 视频：求职节目《职来职往》《你好！面试官》</td></tr>
<tr><td>教学重点</td><td>使学生通过对经典面试案例进行讨论，感知面试的含义与特点，分析面试成功的要素</td><td>教学难点</td><td colspan="3">引导学生为课堂模拟面试做好准备</td></tr>
<tr><td>说明</td><td colspan="5">第三课内容较多，将分为 3 次讲授</td></tr>
</table>

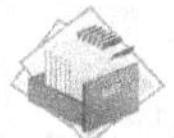

新课导入（讨论法，15 分钟）

（学习方法：4~5 人为一组，组成学习小组。完成对案例《陈越面试记》的课堂讨论，自由发言。）

师问 1：在课本案例《陈越面试记》中，陈越是如何主动寻求面试机会的？

生答：陈越 3 次主动联系了用人单位。第一次是投递简历后的第二天，他打给了公司，主动询问应聘结果；第二次是在面试结束后，他再次打电话询问面试结果；第三次是在体检完毕后，他又给公司打了电话，询问最后的确定名单。最终，虽然公司原本的三轮待选名单中都没有陈越，但因为陈越主动打了 3 次电话，公司很欣赏这种主动的精神，欢迎积极努力的人，所以给了陈越工作的机会。

师问 2：你在投递简历后，会如何争取面试机会？

生答 1：在不影响公司正常工作的前提下，可以给心仪的公司主动打个电话，问一下自己的面试结果，或者请公司根据自己的面试表现，给出一些意见和建议。

生答 2：也可以主动询问公司自己还能不能递交一些补充材料，让公司更全面地了解自己。

生答 3：吸取上一次的面试经验，继续投递简历，寻找更多的面试机会。

师问 3：你认为还有哪些面试技巧？

生答 1：注重自己的言谈举止，给面试官留下好印象。

生答 2：提前准备好相关的获奖证书和技能证书等，用来证明自己的实力。

生答 3：面试结束离开考场的时候，起身道谢，将自己用过的杂物拿走，椅子归位。

生答 4：用自己积极主动的态度、踏实认真的作风吸引面试官，不夸夸其谈，不提一些高于自己能力的要求。

师问 4：对照案例，你认为自身还有哪些需要提升的地方？

生答 1：我觉得我应该更开朗一些，加强与他人之间的沟通。因为现在的职场都是团队协作，成员之间的默契和信任很重要。

生答 2：作为应届毕业生，我觉得我的技能是最应该提升的，希望心仪的公司有系统的岗前培训，能让我快速适应工作环境，明确职责。

生答 3：我觉得我要进一步培养自己吃苦耐劳的精神和抗压能力，相比学习，工作将会更加复杂，只有适者才能生存。

师问 5：针对自身需要提升的地方，你打算如何改进？

生答 1：首先要勇于表达自己，我现在正在尝试上课积极回答问题，接受同学和老师对我的点评和点拨；课后积极参加社团活动，通过参与一个个校园活动，锻炼自己的沟通能力和协作能力。

生答 2：我在寒暑假会做一些与专业相关的兼职，在与职场“亲密接触”中进一步了解自己的职业兴趣，增强相关技能。

生答 3：我也在以“工作”促成长，我的“工作”主要集中在校园里，比如“应聘”学生会、社团联合会等学生组织中的学生干部。“应聘”失败，就当锻炼自己的抗压能力；“应聘”成功，就可以给自己找一些事做，提升自己的能力。

新课进程（60 分钟）

一、什么是面试（案例法，30 分钟）

（学习方法：观看约 15 分钟的电视求职节目《职来职往》或《你好！面试官》片段，思考一场面试需具备哪些要素、面试又有哪些特点。请同学们自由发言。）

【参考回答】

面试的要素有 4 个。

面试的时间与地点。

应聘的岗位。

面试问题。

面试官与应聘者。

面试特点有 3 个。

面试中，面试官居于主动地位，应聘者相对被动。

面试中，有提前设计好的问题，也有需要临场发挥的问题。

面试的主要目的，为合适的岗位找到合适的人才。

【面试含义】

面试是指通过面对面的问答和交流对应聘者进行能力素质评价的活动。

二、面试的内容（案例法+讨论法，30 分钟）

在面试前学会从面试官的角度出发，思考面试官会问哪些问题，哪些能力是面试官最关心的。了解了这些，往往会事半功倍。

【课堂活动】

（学习方法：小组讨论得出结果，派学生代表发言。）

参照图 1①，分析课本《奇特的面试形式》5 个案例中应聘者求职成功的原因。

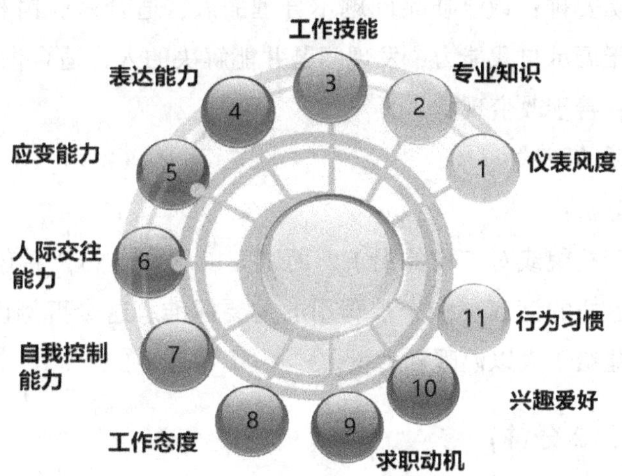

图 1 面试测评主要内容

① 配图源于宁德技师学院王小妹老师。

【参考答案】

案例一：以小见大的面试

面试成功原因分析：

福特弯腰捡起地上废纸的这一细节，打动了面试官。有时候恰恰是下意识的行为，可以真实地反映一个人的性格特征、道德修养等。

案例二："间谍式"面试

面试成功原因分析：

即使在休息室等非应聘情境下，也要积极表达个人的求职动机。因为面试官会相信，放松状态下的你说出的话才是不加掩饰的真心话。

案例三：时间的面试

面试成功原因分析：

不迟到可以反映出一个人的自我控制能力和工作态度。一般情况下，应聘者要提前15~30分钟到达面试地点，这样不仅会因准备充分而从容应试，而且还会给面试官留下你重视、珍惜这次应聘机会，做事认真、负责的良好印象。

案例四：挂外套的面试

面试成功原因分析：

没有椅子，没有衣架，应聘者的衣服应该挂在哪里？表面上看，这是面试官对应聘者的"刁难"，其实质是面试官想通过求职者的应对来观察求职者的性格特质和职位匹配度。例如，规规矩矩地等着面试官进一步发话的人，适合做机械性的工作，因为他们服从领导的一切安排；敢于质疑问题不合理的人，适合做营销和推广工作，因为他们敢于挑战、敢于展示自我能力；发现问题并能解决的人，适合做公关及策划工作，因为他们思维缜密，善于改变现状。

案例五：一句话的面试

面试成功原因分析：

应聘者常会出于礼貌或对工作的渴求，面试完以后说一句"希望能再次见到您"，应聘者是否说类似这样的话成了能否被聘用的重要标准。这个事例说明：职场上的礼貌是非常重要的，能给予人以温暖和力量。

新课小结（12分钟）

一、教师根据各小组组长或小组代表的课堂表现，对小组组长或小组代表进行学业评价，并从中推选出1名学习之星

相关内容详见表1。

表1 “学习之星”评选规则

序号	评价项目	评分标准	得分
1	团队精神（30）	能凝聚团队力量，有一定的组织能力	
2	创新精神（30）	所表达的观点合情合理，有一定的创新性，令人耳目一新、颇有启发	
3	表达能力（40）	在课堂中有较为精彩的发言表现，声音洪亮，仪态大方	

二、各学习小组组长根据成员表现，对各成员进行量化打分，这部分得分占学生课堂评分的60%

相关内容详见表2。

表2 他评表

序号	评价项目	评分标准	得分
1	该成员在团队中是否积极参与讨论	优：16~20 良：11~15 中：6~10 差：0~5	
2	该成员在团队中是否服从安排	优：16~20 良：11~15 中：6~10 差：0~5	
3	该成员在团队中承担的任务分量	任务重：16~20 任务较重：11~15 任务较轻：6~10 没有或很少承担任务：0~5	
4	该成员对所分配任务的完成度	优：16~20 良：11~15 中：6~10 差：0~5	
5	该成员的学习效果	优：16~20 良：11~15 中：6~10 差：0~5	
他评总分			

三、学生根据自己的课堂表现进行自评，这部分得分占学生课堂评分的40%

相关内容详见表3。

表3 自评表

序号	评价项目	评分标准	得分
1	本人在整个课堂活动中的表现是否积极主动	优：16~20 良：11~15 中：6~10 差：0~5	
2	本人在团队中是否服从安排	优：16~20 良：11~15 中：6~10 差：0~5	
3	与其他成员相比，本人在团队中承担的任务分量	任务重：16~20 任务较重：11~15 任务较轻：6~10 没有或很少承担任务：0~5	
4	本人对所分配任务的完成度	优：16~20 良：11~15 中：6~10 差：0~5	
5	本人对课堂学习内容的理解和掌握程度	优：16~20 良：11~15 中：6~10 差：0~5	
自评总分			

课堂评分=他评总分×60%+自评总分×40%=________

作业布置（3分钟）

1. 预习课本中“做好面试的准备”，结合本专业特点，分组合作完成以下主题的PPT课件制作，下一节课派小组代表上台讲PPT，并进行组间评比。

（1）主题1：面试着装礼仪（男士篇）。

（2）主题2：面试着装礼仪（女士篇）。

（3）主题3：面试仪容礼仪。

（4）主题4：面试举止礼仪。

2. 自学课本中“面试的类型”，将主要内容做成思维导图后上交。思维导图示例[①]如下：

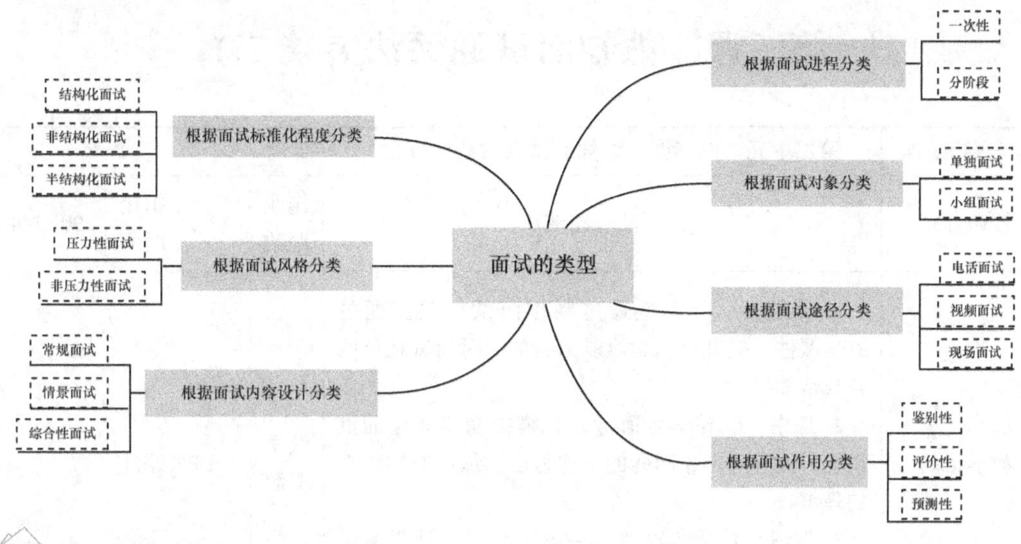

板书设计

第二单元　第三课　熟知面试通关法宝（一）

一、《陈越面试记》带来的启示

二、什么是面试（本课重点）

提出问题 ⟹ 观看视频 ⟹ 思考与争鸣

三、面试的内容（本课难点）

四、总结与评价（PPT 课件展示+发放学业评价表）

五、作业布置

---

① 示例源于广东省技师学院贾瑛老师。

第三课　熟知面试通关法宝（二）

教学单元/课	第二单元　第三课　熟知面试通关法宝（二）	课时	2		
授课方式	讲授法、路演法	作业题数	2	拟用时间	90 分钟
教学目的	1. 课前，引导学生通过制作面试相关主题的 PPT 课件，提升自主学习能力，加深对面试礼仪的自我认知 2. 课中，引导学生通过角色模拟初步体会面试情境，提升对形象问题的重视程度，加深对知识点的理解 3. 课后，教师布置“议一议”任务，让学生学会从面试官的视角思考、分析问题，提高学生在求职面试时精准回答问题的能力	教学资源	PPT 课件		
教学重点	指导学生通过角色模拟初步感受面试情境，提升对形象问题的重视程度	教学难点	引导学生为课堂模拟面试做好准备		
说明	第三课内容较多，将分为 3 次讲授				

新课导入（10 分钟）

【教师组织课堂】

一、课堂内容

各小组代表上台演示本组所做的 PPT 课件。

二、展示顺序

第一组：面试着装礼仪（男士篇）

第二组：面试着装礼仪（女士篇）

第三组：面试仪容礼仪

第四组：面试举止礼仪

三、评价形式

师评+他评+自评

四、评价标准

（一）他评标准

根据学习小组的演示表现，其他小组对该小组进行整体评价，这部分得分占学生课堂评分的 60%。详见表 1。

表 1　他评表

序号	评价项目	评分标准	得分
1	主题内容（30）	课件内容符合任务要求，主题明确，内容充实，没有常识上的硬伤	
2	课件版面（30）	图文并茂，生动形象 字号大小合适，方便观众观看 重、难点突出，方便观众阅读	
3	表达能力（40）	进行课堂演示时精神面貌佳，声音洪亮，仪态大方	
他评总分			

（二）自评标准

学生根据自己的课堂表现进行自评，这部分得分占学生课堂评分的 40%。详见表 2。

表 2　自评表

序号	评价项目	评分标准	得分
1	本人在整个课堂活动中的表现是否积极主动	优：16~20 良：11~15 中：6~10 差：0~5	
2	本人在团队中是否服从安排	优：16~20 良：11~15 中：6~10 差：0~5	
3	与其他成员相比，本人在团队中承担的任务分量	任务重：16~20 任务较重：11~15 任务较轻：6~10 没有或很少承担任务：0~5	

续表

序号	评价项目	评分标准	得分
4	本人对所分配任务的完成度	优：16~20 良：11~15 中：6~10 差：0~5	
5	本人对面试前形象礼仪的熟知度	优：16~20 良：11~15 中：6~10 差：0~5	
自评总分			

他评成绩：他评总分×60%。

自评成绩：自评总分×40%。

总成绩=他评成绩+自评成绩=________

（三）师评标准

教师对学生提问环节进行评价，选出本节课的“评委之星”，评选规则详见表3。

表3 “评委之星”评选规则

序号	评价项目	评分标准	得分
1	提问内容（30）	所提问题能紧紧围绕演示小组的演示主题，具有一定的启发性，能引起同学们的积极思考	
2	提问礼仪（30）	提问有理有据，尊重演示小组；提问前主动举手，提问中主动起立，提问后有礼貌结语	
3	表达能力（40）	问题表述清晰，对对方的回答能给出适当的评价或建议，声音洪亮	

新课进程（65分钟）

一、学习成果展示步骤（讲授法，5分钟）

第一步：小组派代表上台，演示PPT课件。

第二步：小组成员全体上台，自我介绍并概述自己在小组合作中所承担的职责。

第三步：其他同学有针对性地对该组的演示进行提问。提问可涉及与主题相关的细节、小组的职责分工等。

二、学习成果分组展示

（一）第一小组演示（路演法，15 分钟）

1. “面试着装礼仪（男士篇）” 小组代表进行 PPT 课件演示

【PPT 课件参考内容】

面试着装礼仪（男士篇）

一、面试着装基本原则

应聘者的服饰应朴素、大方、得体。

1. 忌过分炫耀。

2. 忌过分透明。

3. 忌过分紧身。

4. 忌过分短小。

5. 忌过分裸露。

二、男士面试着装基本原则

（一）男士西装礼仪

1. 西装颜色搭配坚持三色原则，即全身颜色不得多于 3 种。

2. 西装颜色应当以主流颜色为主，如深蓝色、黑色、灰色等。体瘦的人，选格子或“人”字斜纹的西装，会显得较为强壮。体胖的人忌选米色、银灰色等颜色的西装，西装的款型可选直线型。

3. 西服的长裤一定要笔挺，长度以直立状态下裤脚遮盖住鞋跟的 3/4 为佳。

4. 如果穿的是三粒纽扣的西装，可只系第一粒，也可系上面两粒，但不能单独系最下面的那粒；穿双排扣西装时，所有的扣子都要扣上。

5. 穿着西装时，衬衣袖口应露出 1 厘米左右，衬衫衣领应高出西装衣领。

（二）男士衬衫礼仪

1. 衬衫款式的选择

（1）白衬衫较经典：给人干练之感。

（2）条纹衫较保险：条纹的间距不要过大，条纹不要过粗。

2. 衬衫领开口、皮带扣和裤子前开口外侧应该在一条线上。

3. 衬衫应该是硬领的，领子要干净。

4. 衬衫面试前应熨平整，衬衫领子不要太大。

5. 衣领、袖口都洗毛的衬衫不合适。

6. 衬衫下摆要放入裤腰内。

（三）男士领带礼仪

1. 领带以真丝的最佳，领带必须干净、平整。系领带时一定要把衬衫最上面的扣子扣上。

2. 平时应准备好与西服颜色相衬的领带，慎戴明黄色及明蓝色的领带。

3. 领结要打得结实、端正。一般领带长度应是领带尖盖住皮带扣。

（四）男士鞋袜礼仪

1. 皮鞋以黑色为宜，以舒适大方为佳。

2. 穿西服忌穿白色袜子，一定要搭配同色系的袜子；不能穿运动袜；袜子要保持足够的长度。

（五）男士配饰礼仪

配饰要与服装构成一个有机的整体，尽量不要佩戴华丽、炫目的饰品；手表、婚戒等基本饰物是可以佩戴的，除此以外，建议应聘者不要轻易佩戴其他饰物，以免使自己形象过于随意化，影响面试官做出客观评判。

2. 答辩环节

小组全体同学上台，一起完成答辩。

【答辩环节示例】

主持人（教师扮演）：内容演示完毕，请该小组所有成员上台完成答辩。

小组成员上台，一一进行自我介绍，包括姓名、在团队项目中负责的部分等。

主持人（引导提问）：针对该小组的演示和介绍，对于男士面试着装礼仪有什么问题想提问或探讨的，请举手示意。本环节，评委要确保每位小组成员都有题可答。

评委（学生扮演）：请问×××，根据刚才的演示，你觉得什么价位的西装和衬衫比较适合应届毕业生？另外，有什么心仪的品牌推荐吗？

小组成员回答：……

（二）第二小组演示（路演法，15 分钟）

1. “面试着装礼仪（女士篇）”小组代表进行 PPT 课件演示

【PPT 课件参考内容】

面试着装礼仪（女士篇）

一、女士着装基本原则

1. 建议女性穿正装面试，如穿西服套装或套裙等，切忌穿性感、艳丽、怪异的服装进行面试。

2. 忌穿太紧、太短、太透和太露的衣服。

3. 女生穿套裙有几点禁忌。一忌套裙不合身。二忌衣着不整。三忌不穿衬裙。

二、女士鞋袜礼仪

1. 穿套裙时宜穿皮鞋，根据套裙颜色配肉色、深色长筒袜或连裤袜，不能穿黑色或镂花的丝袜。

2. 袜子不能有脱丝情况发生，应在包里放一双袜子，以备不时之需。

三、女士配饰礼仪

1. 包：不能过于卡通、另类。皮包大大方方背在肩上，不宜过于精美，也不宜太破旧、有脏污。

2. 帽子：谨慎选择。尽量不戴帽子。

3. 首饰：尽量少戴或不戴。

4. 眼镜：尽量选择适合自己的镜框。另外，不可戴太阳镜（护目镜）去面试。

5. 围巾：要注意与衣服的协调搭配。

2. 答辩环节

小组全体同学上台，一起完成答辩。

【答辩环节示例】

主持人（教师扮演）：内容演示完毕，请该小组所有成员上台完成答辩。

小组成员上台，一一进行自我介绍，包括姓名、在团队项目中负责的部分等。

主持人（引导提问）：针对该小组的演示和介绍，对于女士面试着装礼仪有什么问题想提问或探讨，请举手示意。本环节，评委要确保每位小组成员都有题可答。

评委（学生扮演）：请问×××，在应聘大型公司的行政助理或文秘岗位时，女性应聘者能不能戴耳钉？如果可以戴，哪种耳钉比较合适？

小组成员回答：……

（三）第三小组演示（路演法，15 分钟）

1. “面试仪容礼仪”小组代表进行 PPT 课件演示

【PPT 课件参考内容】

面试仪容礼仪

一、发型礼仪

1. 男性的发型要干净利落、整洁自然；不宜过长，但最好也不要剃光头；基本的要求是“前发不覆额，侧发不掩耳，后发不过领”。

2. 女性发型总体要求是清爽利落、美观大方，不要发饰过多。女性可以烫发，但要给人以稳重感，不要太前卫或轻浮。

二、面容礼仪

1. 面容的总体要求是整洁干净、简约朴实、得体自然。

2. 男性应养成经常修面的好习惯，保持面部干净整洁，不蓄胡须、鼻毛不外现。

3. 女性在面试场合以淡妆为宜，建议面试时不要使用香水。不要当众化妆、补妆，不借用别人的化妆品。

三、仪容检查注意事项

1. 鼻毛是否过长？

2. 牙齿是否保持干净、洁白，齿间有无食物残留？

3. 眉毛是否规则？

4. 头屑是否过多？

2. 答辩环节

小组全体同学上台，一起完成答辩。

【答辩环节示例】

评委（学生扮演）：请问×××，你给你今天的仪容打多少分？为什么？

小组成员回答：……

（四）第四小组演示（路演法，15 分钟）

1. “面试举止礼仪”小组代表进行 PPT 课件演示

【PPT 课件参考内容】

面试举止礼仪

一、表情礼仪

1. 在面试场合，应聘者的面部表情应从容、镇定、自信，目光坚定，表情自然，不慌不忙、不急不躁，体现出应有的气度与风貌。答题时也要做到表情自然，切忌面无表情。

2. 微笑是面部表情的一种，是应聘者在面试时除口头表达外的另一种语言。从进入面试考场那一刻起，要懂得适时微笑。

二、目光接触礼仪

（一）原则

应聘者在答题时，应注意与面试官的眼神交流。这一点非常重要。应聘者不能只关注一个面试官，在面试时应以正视主面试官为主，环视其他面试官为辅。

（二）运用技巧

1. 注视对方时目光自然、柔和、真诚。

2. 不要死死盯着面试官的眼睛，也不要目光游移不定。

3. 注视面试官时，要注意眨眼的频率，每分钟眨眼 15 次左右是比较常见的。

4. 注意在交谈过程中与面试官的目光对视。若双方目光相遇，不应慌忙移开，应当顺其自然地与其对视一会儿，然后再缓缓移开，这样显得心胸坦荡，容易取得面试官的信任，赢得面试官的好感。如果一遇到对方的目光就躲闪，容易引起对方的猜疑，或被认为是胆怯的表现。

三、行姿礼仪

1. 行姿的基本要求是“稳定、合礼”。走路的形态能反映出一个人的个性、情绪及修养等。

2. 正常行走时应当是昂首挺胸、收腹直腰，两腿有节奏地向前迈；两眼直视前方，目光自然平静，不左顾右盼、东张西望。

四、站姿礼仪

1. 站姿的基本要求包括站立端正、双腿稍分等。

2. 站立时所禁忌的是歪脖、斜腰、挺腹、屈腿等。切忌双手叉腰、放进裤袋或抱在胸前；不要左摇右晃、耸肩勾背，这样会显得拘谨、缺乏自信和经验，影响形象。

五、坐姿礼仪

1. 坐椅子时最好坐满 2/3，上身挺直，身体略向前倾。

2. 注意事项：

（1）不可紧贴着椅背坐。

（2）不可只坐在椅边。

（3）不可跷二郎腿。

（4）不可不停地变换坐姿。

六、手势礼仪

1. 应聘者的手势应当规范，尽量少用，不可滥用，动作幅度不宜过大。

2. 应聘者面试答题时不可用手抓挠身体的任何部位，避免出现搓手、拉衣袖、抓头发、抓耳挠腮、揉眼睛、不停抬腕看表等手势动作。

2. 答辩环节

小组全体同学上台，一起完成答辩。

【答辩环节示例】

评委（学生扮演）：哪位可以为我们示范一下标准的坐姿和站姿？

小组成员回答：……

新课小结（10 分钟）

根据课堂上的表现，教师引导学生进行多元评价和考核。

学生发言，进行课堂小结及自我反思。

作业布置（5 分钟）

1. 预习课本中“三、做好面试准备”和“四、面试成功的法宝”，思考“议一议”中的问题并将答案写在课本上。

2. 预习“实训任务”，了解课堂模拟面试的基本流程。

板书设计

第二单元　第三课　熟知面试通关法宝（二）

一、课堂内容

各小组代表上台演示本组所做的 PPT 课件。

二、展示顺序

第一组：面试着装礼仪（男士篇）
第二组：面试着装礼仪（女士篇）
第三组：面试仪容礼仪
第四组：面试举止礼仪

三、评价形式

师评+他评+自评

四、评价标准

第三课　熟知面试通关法宝（三）

<table>
<tr><td>教学单元/课</td><td>第二单元　第三课　熟知面试通关法宝（三）</td><td>课时</td><td colspan="3">8</td></tr>
<tr><td>授课方式</td><td>问卷调查法、讲授法、讨论法、情景模拟法</td><td>作业题数</td><td>2</td><td>拟用时间</td><td>360 分钟</td></tr>
<tr><td>教学目的</td><td>1. 课前，学生通过完成问卷及自主学习，了解自身的求职意向及面试的基本礼仪和流程
2. 课中，师生合作进行课堂模拟面试，评选出“最佳面试问题”“最佳应答”，帮助学生提升面试技巧
3. 课后，学生完成自评并能根据自身特长做好职业规划。有条件的同学可以到当地政府举办的人才市场现场观摩或体验</td><td>教学资源</td><td colspan="3">1. PPT 课件
2. 视频：《职来职往》</td></tr>
<tr><td>教学重点</td><td>师生合作进行课堂模拟面试，使学生在活动中进一步提升求职竞争力</td><td>教学难点</td><td colspan="3">1. 提升学生就业能力
2. 使学生能够根据企业要求和自身特长，做好职业规划</td></tr>
<tr><td>说明</td><td colspan="5">第三课内容较多，将分为 3 次进行讲授。在教学过程中，应视班级的具体人数，决定课堂模拟面试所需课时具体为多少</td></tr>
</table>

新课导入（问卷调查法 10 分钟）

（学习方法：课前，教师请学生扫描二维码，在问卷星平台上填写“个人职业意向调查表”，根据问卷结果，对学生现阶段的求职意向进行分析。）

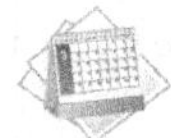

新课进程（340 分钟）

一、明确角色分工与职责（讲授法+讨论法，40 分钟）

（一）主持人职责

由任课教师扮演主持人。教师将学生分为两组：一组学生扮演面试官，另一组学生扮演应聘者。同时，制定模拟面试实施步骤，见表1。

表1 模拟面试实施步骤

序号	步骤	时间安排	具体内容	备注
1	前期准备	模拟面试前一周	1. 与班主任或专业老师沟通，邀请其参加课堂模拟面试并担任面试官 2. 准备好调查问卷，并请面试官组的学生根据调查结果准备好企业信息、岗位信息等，为在课堂上张贴招聘海报做准备 3. 制作任务书，请应聘组的学生提前准备好求职简历及自我介绍等	1. 面试官组可由班主任、专业老师、学生等组成 2. 应聘组的学生须做好心理准备和相关资料准备
2	课前准备	课前15分钟	1. 布置教室环境 2. 制作“面试评价表”（见表2）并发放给面试官 3. 让应聘组的学生根据意向岗位做好简历投递准备	1. 委托一位面试官在模拟面试中进行总结性点评
3	明确面试规则	上课后5分钟	1. 开场明确面试环节及规则 2. 引导应聘者按照顺序依次上台面试	可引导面试官点评，例如，可引导面试官围绕应聘者的SWOT进行点评
4	模拟面试	10分钟/人	1. 引导应聘者做1分钟自我介绍 2. 引导面试官根据应聘者的简历和表现进行提问 3. 引导面试官公平、公正地填写“面试评价表”	1. 确保每位应聘者能回答面试官3道及以上问题 2. 面试成绩计算方法：去掉一个最高分和一个最低分，然后取平均值
5	结束面试		1. 指定工作人员，如数学课代表，统计分数 2. 引导面试官对学生在整个面试过程中的表现，进行评价与梳理 3. 面试结束后，带领学生将桌椅归位	1. 将本场比较优质的提问和回答进行总结梳理，制作成课件 2. 将课件发放到微信学习群

（二）面试官职责

1. 面试官参考问卷调查中所统计的最受欢迎的岗位，制作招聘海报。

2. 面试官组由班主任、专业教师、学生组成，拟为 5~7 人，可从不同角度对应聘者进行提问，在考验应聘者的同时，也要尽力点出应聘者的优势或劣势等，帮助其更为全面地认识自我。

面试评价表详见表 2。

表 2　面试评价表

面试项目	分值	优秀	较好	一般	较差	很差
专业技能	30	30~28	27~25	24~22	21~19	19 以下
相关经验	10	10~9	8~7	6~5	4~3	3 以下
表达能力	20	20~18	17~15	14~12	11~9	9 以下
团队合作能力	20	20~18	17~15	14~12	11~9	9 以下
应变能力	10	10~9	8~7	6~5	4~3	3 以下
仪容举止	10	10~9	8~7	6~5	4~3	3 以下
综合得分						
面试意见						
是否录取						

（三）应聘者职责

1. 应聘者由学生扮演，上台顺序依据学号或抽签顺序。每位同学都要上台进行一次模拟应聘，每人 10 分钟左右。

2. 应聘者应根据招聘海报上的要求做好面试前的准备，包括形象准备、资料及物品准备、心理准备、问题准备、答题技巧准备等。

【知识链接】根据个人经验和课本的介绍，面试前应聘者应做好哪些准备？

1. 形象准备

上一节已详述，此处略。

2. 资料及物品准备

（1）准备简历、成绩单、各种获奖证书及技能证书、个人作品等，并将其放在一个文件夹或文件袋里。

（2）准备签字笔和笔记本。

（3）准备手表。

（4）准备面巾纸。

（5）其他＿＿＿＿＿＿＿＿＿＿＿＿＿＿＿＿＿＿＿＿＿＿＿＿＿＿＿＿＿＿。

3. 心理准备

（1）切忌苛求完美。

（2）修炼平常心。

（3）时刻保持自信心。

4. 问题准备

（1）常规问题准备。例如，你为什么选择我们公司？你有什么相关的兼职经历吗？以面试官的视角看待并思考问题，详见表3①。

表3　面试官常提问题统计表

议一议：如果你是主面试官，面对一位应聘者，你会如何提问？		
序号	提问方向	具体问题
1	求职意向	1. 你为什么对这个岗位感兴趣？
		2. 你之前有没有相关的工作经历？
		3. 你知道具体的岗位职责是什么吗？你有没有相匹配的技术或能力？
2	个人信息	1. 你家是××的，没有想过回家乡找工作吗？父母都在那边吧？
		2. 结婚后，你是否还能胜任出差、加班之类的工作呢？
		3. 未来1~3年，你对自己的职业生涯有什么规划吗？
3	教育背景	1. 为什么选择这个专业？
		2. 取得了哪些技能证书？
		3. 有没有继续深造的打算？
4	实习经历	1. 在实习中，你具体做些什么？你的工作职责是什么？
		2. 在实习中，最有成就感或挫败感的事情是什么？
		3. 实习结束后，你觉得自己获得了哪些成长和提升？

① 表3部分内容源于广东省技师学院贾瑛老师。

续表

序号	提问方向	具体问题
5	社团活动	1. 你为什么加入这个社团？
		2. 都参加过哪些活动？哪个活动让你印象最深刻？为什么？
		3. 你对这个社团今后的发展有什么好的建议或意见吗？
6	所获荣誉	1. 在学校里获得这么多奖，你是怎么做到的？
		2. 你最佩服的人是谁？为什么？
		3. 你最难忘的一次获奖经历是什么？

（2）非常规问题准备。如集体情境面试题，应聘者组成团队进行问题讨论，面试官在旁边暗中观察选手的具体表现，例题如下。

3 个工人在砌一堵墙，有一个人过来问："你们在干什么？"第一个人没好气儿地说："没看见吗？在砌墙。"第二个人笑了笑说："我们在盖高楼。"第三个人边干活儿边哼着歌说："我们在建设一座新城市。"10 年后，第一个人仍然在砌墙，第二个人当上了工程师，第三个人成了前两人的老板。

提问：为什么 3 个人曾在同样的起点，却有不同的职业生涯？对此，你获得了什么启发？

【参考回答】

第一问参考回答。

答案 A：因为每个人的理想、思维方式等是不同的。除了知识，理想、思维方式、眼界、心胸、态度等都能影响一个人的职业发展。

答案 B：第一个人没有什么想法和目标，所以他的职业发展止步不前；第二个人有想法、有目标，对待工作有责任心，所以他的职业发展越来越好；第三个人有积极的人生态度，他的思想高度决定了他未来的高度。这说明行为习惯、人生态度、思想高度对我们的职业发展有重大影响。

第二问参考回答。

答案 A：职业是一个人生存和发展的基础，职业发展规划能让我们明确发展目标，有步骤地向目标迈进。

答案 B：不管身处什么样的境况，只要对未来抱着积极的态度，并能树立远大的理想，就可以到达胜利的彼岸。

5. 答题技巧准备

（1）遵从"3 秒"原则。在回答问题之前，可以先停顿 3 秒。

（2）用 STAR 法则组织答案。可以把你的回答拆分为 4 个部分，即情境 S（Situation）、任务 T（Task）、行动 A（Action）、结果 R（Result）。用这种方法回答问题能够涵盖各个方面。具体含义如图 1 所示。

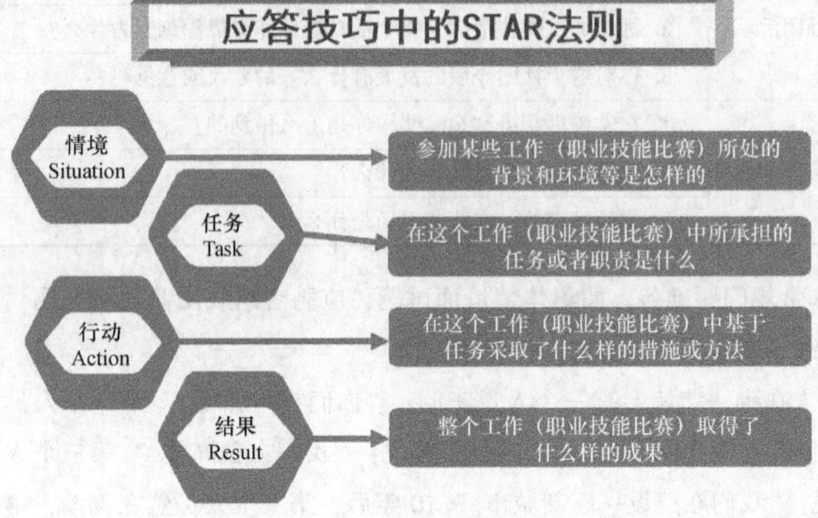

图 1　应答技巧中的 STAR 法则①

（3）正确有效倾听。

（4）确认提问内容。

（5）表述把握重点。

（6）凸显个人特色。

（7）掌握语言技巧。

（8）问题应答中肯清晰。

二、实训任务——感受模拟面试，逐鹿精彩职场②（情景模拟法，约 300 分钟）

备注：模拟面试环节，每位应聘者上台时间为 10 分钟左右，必须接受 3 位及以上面试官的提问。以每班 30 人计算，约使用 300 分钟。

（一）第一环节（1 分钟）

1. 各位面试官就座。

2. 黑板上张贴招聘海报，PPT 课件呈现评分规则。

3. 主持人强调面试流程及注意事项。

---

① 图 1 由宁德技师学院王小妹老师提供。

② 模拟面试所需的课时时长可根据班级人数等具体情况进行调整。

（二）第二环节（1 分钟）

1. 确定应聘者出场顺序。

2. 应聘者做 1 分钟左右的自我介绍。

（三）第三环节（5 分钟）

1. 面试官提问 5 分钟左右。

2. 面试官代表针对应聘者的表现给出建议或褒奖。

（四）第四环节（2 分钟）

1. 面试官与应聘者进行双向选择。

2. 选手说出最欣赏这位面试官的原因。

（五）第五环节（1 分钟）

1. 主持人宣布本轮面试结束，请面试官打分，相关人员统计分数。

2. 有请下一位应聘者。

作业布置（10 分钟）

1. 完成课后自评，并作为作业上交

（1）这节课我印象最深刻的问题及回答分别是什么？

（2）这节课我最大的收获是什么？

（3）我为自己打多少分？我本节课的表现，比预想中的更好还是较差？为什么？

2. 实地观摩

周六，到当地政府举办的人才市场进行实地观摩、体验。

板书设计

第二单元　第三课　熟知面试通关法宝（三）

一、理论讲述——模拟面试角色分工与职责

主持人职责

面试官职责

应聘者职责

二、实训任务——感受模拟面试，逐鹿精彩职场

第三单元　初入职场

第一课　做好职业角色转换（一）

<table>
<tr><td>教学单元/课</td><td colspan="4">第三单元　第一课　做好职业角色转换（一）</td><td>课时</td><td colspan="3">2</td></tr>
<tr><td>授课方式</td><td colspan="4">案例法、讨论法、讲授法</td><td>作业题数</td><td>2</td><td>拟用时间</td><td>90 分钟</td></tr>
<tr><td>教学目的</td><td colspan="4">1. 课前，让学生通过预习课本“翻转课堂”，初步了解职业角色并在课堂上针对案例进行讨论
2. 课中，让学生通过案例讨论和头脑风暴，能够区分职业角色与学生角色的差异
3. 课后，让学生预习缓解压力的方法和如何跳槽，为下次课预热</td><td>教学资源</td><td colspan="3">PPT 课件</td></tr>
<tr><td>教学重点</td><td colspan="4">课中，通过案例讨论和头脑风暴，使学生能够区分职业角色与学生角色的差异</td><td>教学难点</td><td colspan="3">使学生区分职业角色与学生角色的差异</td></tr>
<tr><td>说明</td><td colspan="8">引导学生区分职业角色与学生角色的差异时注意方式、方法</td></tr>
</table>

新课导入（讨论法，10 分钟）

【案例讨论】学会正确理解职业角色

小丽是浙江某技校刚毕业的学生，由于经验不足、能力欠缺，在工作中出现了较严重失误，受到上级的严厉批评。她很不开心，没心思工作。

有人问她：“你为什么不开心？”

她说：“经理骂我了。”

又问：“你是不是工作没做好？”

她答：“即便工作没做好，他也不应该对我这样态度恶劣。我长这么大，我爸妈都没对我这么大声喊过！”

再问：“那你希望怎么样？”

她答：“我希望我下次再犯错时，他对我的态度能好点儿！”

师问：如果你是小丽，遇到类似情况，你会怎么做？你会和小丽一样不开心吗？

生答：我会虚心接受批评。可能当时会有点儿不开心，但是要明白这是有助于我成长的，是成长必经的过程。

师问：如果小丽下次又犯同样的错误，你认为她的上级对她的态度会更好一些，还是会更严厉一些呢？

生答：肯定会更严厉一些。因为之前已经犯过同样的错误了，说明她没吸取经验教训。

师问：你认为学生角色和职业角色之间还有哪些差异？将思考结果填入表 1 中。

表 1　学生角色和职业角色的差异

学生角色	职业角色
任务以学习为主	任务以工作为主
要遵守校规校纪	要遵守公司规章制度
目标是考取好成绩	目标是为公司创造价值

师问：如果你是小丽的老师，小丽现在来向你请教，你会给她怎样的建议？

生答：不要那么玻璃心；及时转变心态，要以职业人的心态面对问题；分析原因，及时改进；向同事请教。

新课进程（讲授法+讨论法+案例法，75 分钟）

一、角色与角色偏差（讲授法+讨论法+案例法，15 分钟）

【议一议】

师问：电影或电视里面有很多人物角色，生活中也不例外。你们认为你们目前扮演的有哪些角色？

生答：在家庭中，是儿子或女儿、孙子或孙女、兄弟姐妹等；在学校中，是学生、班干部、社团干部等。

师问：谈谈这里面哪个角色你们扮演得最成功，哪个角色最失败，为什么？

生答：……

教师引导出角色和职场角色的知识。

【知识讲解】

1. 角色，就是人在社会中拥有的身份、地位以及由此决定的行为方式和规范。

2. 职场角色，即人们在一定的工作单位和工作活动中所扮演的角色。一个人身处一个职业岗位，就要受到这个岗位的职责约束，进而形成一整套与之相适应的行为方式。

3. 角色对人的约束分为 3 个层次，即必需的行为、允许的行为、禁止的行为。

其中，必需的行为和禁止的行为通常关系到角色职责的履行和角色的社会形象；而允许的行为一般不影响角色基本职能的完成，可视情况决定方式、方法。

教师举例：餐厅服务员热情周到地为宾客服务就是必需的行为；而怠慢宾客，甚至与宾客争吵就是禁止的行为；至于在宾客用餐过程中是否能与宾客开玩笑，则可以视情况而定。

【举一反三】

师问：学生角色要求中哪些是必需的行为，哪些是允许的行为，哪些是禁止的行为？

生答：学生上课遵守课堂纪律、认真学习是必需的行为；抽烟、喝酒、打架是禁止的行为；兼职、体育锻炼是允许的行为。

【案例讨论】身边的故事

丽娜是个很活泼的女孩儿，在学校时就是学生会的文艺部部长，点子多，做事有股冲劲儿。刚到公司的时候，她的表现让领导颇为满意。得到了领导的肯定，丽娜便认为前途一片光明。一次，她所在的部门开会，丽娜在其他同事发言过程中随意插言，自以为是地发表了一通自己的见解。这样的事儿发生了很多次，直到有一次，她竟然自作主张地在一个需要领导签字的合同上签了字，当领导问起时，丽娜说："我觉得没什么问题，所以就签了。"结果，她很快就收到了解聘通知。

师问：你认为丽娜为什么会被解聘？如果你是丽娜，遇到类似的事情，你会怎么做？

生答：部门开会她随意插言，甚至自作主张地代替领导签合同。因为做出这样的事，所以被开除。换作是我，我会多观察别人怎么说、怎么做，遇事儿多征询同事和领导的意见。

师问：这就是丽娜从学生角色向职场角色转换时发生了偏差，没及时纠正自己而产生的一系列后果。我们要及时转变自己的思维方式，多多观察，切勿越俎代庖。

教师引导出角色偏差的知识。

【知识讲解】

1. 角色冲突。当一个人改变原来的角色，扮演一个新的角色时，新旧角色之间会发生碰撞，即角色冲突。比如，一个刚参加工作的学生很容易还把自己当成一个学生，不自觉地用一个学生的眼光和处世方式对待工作中的人和事，从而引发矛盾。

2. 角色错位。就是做事时超越了自己的角色范围。比如，随意评价甚至指责其他同级同事的工作。这种角色错位很容易引起他人的反感，不利于良好人际关系的建立。

3. 角色泛化。由于一个人同时扮演几个角色，不同角色规范之间可能出现相互干扰的现象。比如，一个人既是车间的质量检验员，又是车间的安全员，因而工作中常常将这两种角色的职责混淆，从而造成工作效率不高甚至失误。

二、职业角色的主要特征（讲授法+讨论法+案例法，30 分钟）

【头脑风暴】

教师：回到课堂开始“案例讨论”中的问题，要求学生以小组为单位进行头脑风暴，每组选一个代表分享小组讨论成果。

学生：小组讨论，组长将小组讨论成果记录在纸上；每组派 1 名代表上台分享小组讨论成果。

教师：对各组的分享进行点评；整合各组讨论成果，罗列出学生角色和职业角色的差异。

【知识讲解】

1. 活动方式的变化

教师要求学生参考上述“头脑风暴”的结果，分析出活动方式的变化表现在哪些方面。

2. 社会责任的增强

教师要求学生参考上述“头脑风暴”的结果，分析出社会责任的增强表现在哪些方面。

3. 全面独立的要求

教师要求学生参考上述“头脑风暴”的结果，分析出全面独立的要求表现在哪些方面。

【议一议】

师问：在学习、生活中，你发现了哪些需要有责任心的事儿？

生答：不乱扔垃圾，对环境负责；做好值日生工作，维护班级荣誉，对班级负责；不违纪违规，学习不挂科，对自己负责。

【案例讨论】两个年轻员工买土豆

在一家餐馆里，老板同时雇了两个同年龄、同学历的年轻人，让他们都拿着一样的薪水。

过了半年，名为阿诺德的小伙子得到了老板的夸奖，被加了薪，而名为布鲁诺的小伙子却还在原地踏步。

布鲁诺很不满意老板的做法，认为自己遭受了不公平的待遇。于是，有一天他到老板那儿发了一通牢骚。老板一边耐心地听着他的抱怨，一边在心里思量着怎么样消除布鲁诺的怨气。

“布鲁诺先生，你现在到集市上去，看一下今天早上有什么卖的，好吗？”老板开了口。

布鲁诺很快从集市上回来，向老板汇报：“今天集市上只有一个农民拉了一车土豆在卖。”

“有多少土豆呢？”老板问道。

于是，布鲁诺赶快戴上帽子又跑到集市上去，然后回来告诉老板：一共有 40 袋土豆。

“价格是多少呢？”老板又问。

于是，布鲁诺第三次跑到集市上，问来了价格。

“好吧，现在请你坐到这把椅子上，一句话也不要说，让我们看看别人是怎么做的。”老板说。

老板把同样的任务交给了阿诺德，他很快也从集市上回来了，并向老板汇报：“到现在为止，只有一个农民在卖土豆，一共有 40 袋，价格是每袋 1 英镑，土豆很新鲜，我带回了一个样品，您可以看看；对了，这个农民明天还会弄来 3 箱西红柿，据我了解，昨天他拿到集市上的两箱西红柿物美价廉，卖得很快。我发现我们的库存不多了，这样便宜的西红柿，我想老板您或许想进一些作为存货，所以我把这个农民请来了，他现在正在外面等着您的回话，老板。”

老板此时回头笑着对布鲁诺说：“现在你肯定明白为何阿诺德的薪水比你高了吧？加油吧，小伙子！”

师问：阿诺德和布鲁诺谁更独立、负责？表现在哪些方面？

生答：阿诺德更独立、负责。阿诺德能够从老板角度考虑问题，善于思考、观察仔细，而不是老板交代一件事，就只做这一件事。

师问：想一想，你在学习、工作中是阿诺德还是布鲁诺？打算如何改进？

生答：我是布鲁诺，我需要及时总结、反思自己：为什么工作、学习处处被动？怎样才能更加独立地解决问题？

师总结：一个优秀的员工，无论身处哪个岗位，都不能只被动地等待别人告诉自己应该做什么，而是要独立思考，全力以赴地解决好问题。多观察、多记录、多总结才会进步。

三、角色转换的方法（讲授法+讨论法+案例法，30分钟）

1. 接受上岗培训。了解企业的生产经营状况和各种规章制度，明确自己的工作职责范围及工作评价标准。

2. 认同企业文化。

3. 遵守纪律。

4. 参与各种活动。

5. 适应管理者行为风格。

6. 认识自己的岗位状况。

【案例讨论】身边的故事

故事内容详见课本。

师问：小王在角色转换时遇到了什么问题？

生答：嫌工作简单琐碎，感受不到成就感。和同事相处困难，无归属感。

师问：你遇到小王的问题时会怎么做？

生答：把小事做好，积累经验，得到领导的认可。尝试和领导沟通，把自己的想法说给领导听。多和同事接触，主动沟通，主动帮助同事做一些力所能及的事。

新课小结（3分钟）

师问：请大家回忆一下，本次课我们主要学习了什么？

生答：明确职业角色和学生角色差异，学会角色转换方法。

1. 接受上岗培训。

2. 认同企业文化。

3. 遵守纪律。

4. 参与各种活动。

5. 适应管理者行为风格。

6. 认识自己的岗位状况。

作业布置（2分钟）

1. 在网上找一则招聘启事。设想现在你已成功通过简历筛选、面试等环节，正式入职该企业。请你尝试从企业文化、工作内容、专业知识、职业资格、行为品德等方面分析自己的职业角色定位，并填入表2。

表 2 自己的职业角色定位

学生角色的任务	职业角色的任务	如何转变	转变时遇到的困难及解决办法

2. 预习缓解压力的方法和如何跳槽。

板书设计

第三单元 第一课 做好职业角色转换（一）

一、角色与角色偏差

二、职业角色的主要特征

三、角色转换的方法（难点、重点）

1. 接受上岗培训。
2. 认同企业文化。
3. 遵守纪律。
4. 参与各种活动。
5. 适应管理者行为风格。
6. 认识自己的岗位状况。

第一课　做好职业角色转换（二）

<table>
<tr><td>教学单元/课</td><td>第三单元　第一课　做好职业角色转换（二）</td><td>课时</td><td colspan="3">2</td></tr>
<tr><td>授课方式</td><td>案例法、讨论法、讲授法</td><td>作业题数</td><td>2</td><td>拟用时间</td><td>90 分钟</td></tr>
<tr><td>教学目的</td><td>1. 课前，让学生通过预习课本，了解如何缓解心理压力和理性跳槽
2. 课中，让学生通过案例分析和小组讨论，了解缓解心理压力的方法，以及如何正确跳槽
3. 课后，让学生了解所学专业对口岗位的职业道德规范</td><td>教学资源</td><td colspan="3">PPT 课件</td></tr>
<tr><td>教学重点</td><td>课中，通过案例分析和小组讨论，使学生了解缓解心理压力，以及正确跳槽的方法</td><td>教学难点</td><td colspan="3">如何分析压力源，解决碰到的问题</td></tr>
<tr><td>说明</td><td colspan="5">在引导学生正确评估自己、理性看待跳槽时，注意方式、方法</td></tr>
</table>

新课导入（讨论法，13 分钟）

【案例讨论】胡萝卜、鸡蛋和咖啡豆的故事

女儿向父亲抱怨其工作和生活，抱怨事事艰难。她认为好像一个问题刚解决，新的问题就又出现了。她表示不知该如何应对，想要自暴自弃。

父亲听完女儿的抱怨后，把女儿带进了厨房，往 3 个同样大小的锅里倒进了同容量的水，分别放了胡萝卜、鸡蛋和咖啡豆，打开火。他一句话不说，等着水沸腾。

女儿疑惑地望着父亲，不知道父亲想要做什么。20 分钟后，父亲关掉火，将煮好的胡萝卜和鸡蛋分别放进了两个盘子里，然后将咖啡豆煮出的咖啡倒进了杯子。他问女儿："孩子，说说看，你看到了什么?""还能有什么，当然是胡萝卜、鸡蛋和咖啡了。"女儿很不屑。

父亲说："你不妨碰碰它们，看看有什么变化。"他让女儿用手摸摸胡萝卜。女儿发现胡萝卜变得很软了。之后，他又让她剥开蛋壳，拿出煮熟的鸡蛋清和蛋黄。最后，让她尝尝咖啡。女儿微笑着品尝了香醇的咖啡，好奇地问："父亲，您想告诉我什么呢?”

父亲解释道:“这3样东西都遇到了同样的压力和逆境，也就是开水。但是，它们的反应却截然不同。胡萝卜入水之前是硬的，但经开水煮过之后软得像泥；需要蛋壳保护的鸡蛋在水煮之后变硬了，不必担心会破碎；而咖啡豆在水煮之后却改变了水的味道，而且水的温度越高，咖啡豆的味道越香醇。”“那么，你是哪一个呢?胡萝卜、鸡蛋，还是咖啡豆?”父亲的这一问一下子扰动了女儿的心。

师问：你是那3样东西中的哪一个呢？为什么？

生答1：我是胡萝卜，因为遇到困难，我开始还能坚持，后面就逐渐放弃。

生答2：我是鸡蛋，我本来是一个比较柔弱的人，现在挫折让我变成一个坚强的人。

生答3：我是咖啡豆，曾经我周围个别同学不爱学习，我并没有受到影响，还帮助他们改掉了一些坏习惯。

师总结：开水就是压力、挫折、困难，有的人面对压力时像胡萝卜一样变得软弱；有的人面对压力时像鸡蛋一样变得坚强；有的人面对压力时像咖啡豆，不仅没有被压力打倒，还巧妙地利用了压力，让人生变得更加美好。我们应该像咖啡豆一样，积极调整自我，不要轻易被压力击倒。

新课进程（70分钟）

一、缓解心理压力（讲授法+讨论法，40分钟）

（一）趣味测试

师问：观察上图，你看到这个人在屋内还是屋外？

A. 屋内

B. 屋外

师问：你选择哪一项？

测试结果分析：

A. 压力较大

你目前内心有较大压力，压力可能来自学习、人际交往、家庭等，对不少事情都不感兴趣，对未来担忧。缺乏自信，偶尔自卑，优柔寡断。

B. 压力较小

你目前精神状态比较放松，没有遇到难以解决的问题。你有较强的自信，这样的心态使得你的一举一动都比较积极向上。

师问：每个人或多或少都有压力。有积极的心理压力，也有消极的心理压力，面对消极的心理压力，我们如何调节？

（二）心理压力调节方式

1. 积极的心理压力

人在适度的压力下可以更好地调动自身的积极性去应对所面临的问题，从而提高自己解决问题的能力和效率，这时的心理压力是积极的心理压力。这种积极的心理压力主要来源于岗位职责、行为规范、人际关系。

2. 消极的心理压力及调节

（1）积极行动，解决问题

面对压力，只有找到压力源，分析面临的问题，积极行动，解决问题，才是最明智的做法。问题具体分析流程如图 1 所示。

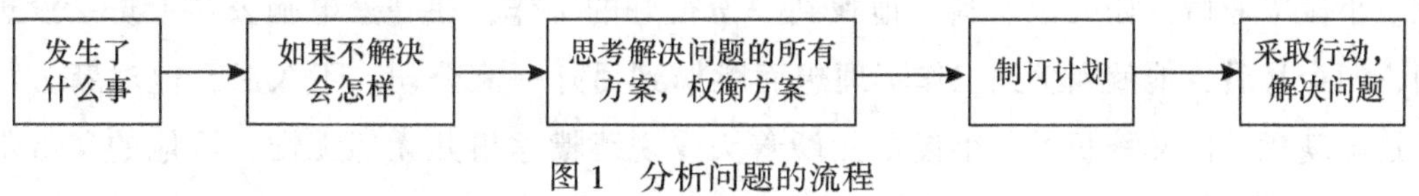

图 1　分析问题的流程

举例如下。

陈同学第一次住宿舍。他最近感觉心理压力较大，晚上失眠，想调宿舍，因为他觉得跟舍友玩儿不到一起，无法融入宿舍集体。

要分 3 步进行确认分析。

第一步：发生了什么事？——晚上失眠。

第二步：如果不解决，会怎样？——继续失眠，会影响身体和心理健康。

第三步：思考解决问题的所有方案，权衡方案。

方案A：放弃融入宿舍，独来独往。

方案B：换个角度看舍友，尝试发现他们身上的优点，主动参加宿舍活动。

方案C：找班主任，看看班主任是否有好的建议，班主任也许能帮上忙。

方案D：向班主任申请调换宿舍。不知能否成功，即使成功了，还是有可能会遇到同样的问题。

第四步：制订计划。

计划A：主动和舍友打招呼、帮助舍友、选择性地参加宿舍集体活动等。

计划B：和班主任沟通，找时间面谈。

第五步，采取行动，解决问题。

（2）合理宣泄情绪

（3）理智控制自己

（4）转移注意力

（5）用幽默化解压力

（6）自我安慰

【议一议】

师问：同学们遇到压力时会采取什么方式调解？

生答：逛街、购物、吃美食、喝咖啡、写日记、睡觉、看书等。

二、理性看待跳槽（讲授法+讨论法+案例法，30分钟）

【案例讨论】身边的故事

某技校学生小俊学习勤奋、成绩优异，特别是在电脑技术方面优势突出，让老师、亲朋好友夸赞不已，让同学们心生羡慕，也让小俊的父母因有这样优秀的儿子感到自豪。小俊毕业后，如大家所料，他找到一份很好的工作，在一家电脑公司上班。没想到，两个月后，他就因感到工作不理想而跳槽到另外一家公司。不久后，他对新公司还是不满意，便又辞职了。小俊虽然硬着头皮说跳槽这事儿无怨无悔，可他的父母却明白，儿子的内心相当痛苦，实际上还是最初的那家公司最好。

师问：小俊为什么两次跳槽？你如何看待跳槽？

生答：对现有工作不满意，找到了新的工作更不满意。

师分析：这是典型的“这山望着那山高”的就业心态。初次走上工作岗位的毕业生通常对未来的工作有着太多不切实际的期待，一旦发现现实与理想存在较大差距，便萌生跳槽的念头，于是不断跳来跳去。由于缺乏一定的工作经验和社会阅历，小俊在跳槽的过程中遭受挫折，迷失了自己的方向。

（一）为什么要跳槽

1. 适应性跳槽。

2. 发展性跳槽。

3. 盲目性跳槽。

（二）怎样理性跳槽

1. 慎重决定

离职前应当深思 5 个问题。

第一，你关注的那些问题能不能够通过离职得到解决？

第二，你关注的那些问题是不是有必要通过离职来解决？

第三，你关注的那些问题到底是公司的问题还是自身的问题？

第四，一个组织或公司对一个人来说，常常意味着平台、机会、港湾，以及圈子。这些你是否清醒地认识到了？

第五，你自认为已经具备的个人能力和魅力，有多少是来自现在这个平台？离开了这个平台，你的能力和魅力会打多少折扣？

如果在离职前，我们能够认真思考上述 5 个问题，就不会随意放弃一份工作了。

2. 客观评估自己的价值

评估自己是否能给企业带来价值，能带给企业多大的价值。

3. 确立跳槽方向

第一种，同一行业、同类型岗位。

第二种，同一行业、不同类型岗位。

第三种，不同行业、同类型岗位。

第四种，不同行业、不同类型岗位。

【案例讨论】身边的故事

小艾在研发岗位上工作了 6 年，随着年龄的增长，她对自己的职业方向越来越清晰，她更想做销售工作，但是从研发岗位转销售岗位的难度较大。小艾发现，从售前支持岗位转销售岗位的可能性更大，而她的技术背景更便于她转到售前支持岗位。于是小艾通过朋友介绍，成功转到同行业的公司做售前支持。因为其良好的技术能力，虽然转换了岗位，小艾的薪酬没有下降反而得到了增长。在做售前支持期间，小艾跟着销售经理们拜访客户、制作技术标书、参与现场投标，慢慢积累了丰富的客户沟通经验，得到众多销售经理的一致认可。3 年后，小艾成功转到销售岗位。现在的小艾，已经成了一家知名企业的销售总监。

师问：同学们想一想，小艾跳槽为什么能成功？从她身上你学到了什么？

生答：经过 6 年工作，目标逐渐明确；理性跳槽，没有跨度特别大，先是转到同一行业需要自己已有技能的售前支持岗位，积累了岗位需要的经验、技能，再转到跟售前支持岗位相关性较强的销售岗位。

师总结：我们要学会客观评估自己的价值，理性跳槽。

【议一议】

师问：上述4种跳槽方向分别有哪些利弊？请将答案写入表1中。

生答：……

表1　4种跳槽方向的利弊

方向	利	弊
第一种	既熟悉行业，也熟悉岗位，能快速迁移知识、技能和经验，风险较小	固有的经验及思维定式可能会阻碍进一步发展
第二种	熟悉行业，对行业知识有了解；新的岗位可能符合兴趣、能力、性格；薪水可能更高	不熟悉新企业和岗位，要重新学习岗位知识和技能，重新适应企业
第三种	熟悉岗位，有一定岗位知识、经验；新行业意味着新的机会；新的行业可能更符合兴趣、能力、性格；行业前景可能更好	隔行如隔山，需要重新了解行业规范，学习行业知识和技能
第四种	全新的世界，全新的开始；拓展新的知识、技能和朋友圈	之前的从业经验可能归零，一切重新开始，是一个很大挑战；花更多时间；风险最大

新课小结（5分钟）

师问：请大家回忆一下，本次课我们主要学习了什么？

生答：学会了缓解心理压力的方法。还知道了要理性跳槽，慎重做决定；如要跳槽，也要客观评估自己的价值，确立好跳槽方向。

作业布置（2分钟）

1. 请按照分析问题的流程，提出解决生活或学习中遇到的一个困难的思路。
2. 了解所学专业对口岗位的职业道德规范。

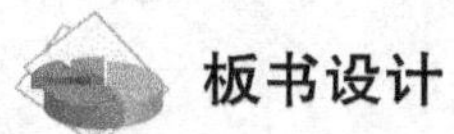

板书设计

第三单元　第一课　做好职业角色转换（二）

一、缓解心理压力

（一）积极的心理压力

（二）消极的心理压力及调节（重点）

1. 积极行动，解决问题。（难点）
2. 合理宣泄情绪。
3. 理智控制自己。
4. 转移注意力。
5. 用幽默化解压力。
6. 自我安慰。

二、理性看待跳槽

（一）为什么要跳槽

（二）怎样理性跳槽

1. 慎重决定。
2. 客观评估自己的价值。
3. 确立跳槽方向。

第二课 培养良好职业道德（一）

<table>
<tr><td>教学单元/课</td><td>第三单元　第二课　培养良好职业道德（一）</td><td>课时</td><td colspan="3">2</td></tr>
<tr><td>授课方式</td><td>案例法、讨论法、讲授法</td><td>作业题数</td><td>1</td><td>拟用时间</td><td>90 分钟</td></tr>
<tr><td>教学目的</td><td>1. 课前，将班级分为 4 个小组。让学生选择其认为将来要从事的相应行业和岗位，预习“实训任务”，使学生完成对“21 天习惯养成计划”的初步理解，并制订“21 天习惯养成计划”
2. 课中，组织学生观看视频，引导学生思考、讨论，帮助学生掌握职业道德的含义、规范，培养学生根据知识要点进行案例分析和行业岗位分析的能力。每组推荐 1 名学生分享“21 天习惯养成计划”
3. 课后，自学“感悟、弘扬、传承工匠精神”，完成“我了解的能工巧匠”表格，为下次课的课堂分享做好准备</td><td>教学资源</td><td colspan="3">1. PPT 课件
2. 视频：《最美司机吴斌》《刘传健：中国民航英雄机长》</td></tr>
<tr><td>教学重点</td><td>课中，通过让学生观看视频、思考、讨论，帮助学生掌握职业道德的含义、规范，培养学生根据知识要点进行案例分析和行业岗位分析的能力</td><td>教学难点</td><td colspan="3">知识点的掌握及运用</td></tr>
<tr><td>说明</td><td colspan="5">学习本课知识点有助于学生提高职业素质，对学生谋求职业与职业发展具有重要意义</td></tr>
</table>

新课导入（10 分钟）

（学习方法：观看《最美司机吴斌》《刘传健：中国民航英雄机长》并思考问题。）

师问：

1. 客车司机、民航机长的职业道德规范有哪些？
2. 吴斌、刘传健在发现险情后所做的抉择，分别体现了什么样的职业道德？
3. 你认为是什么支撑他们临危不乱，完成一系列操作的？
4. 你认为良好的职业道德是怎么养成的？

师引导：让我们开始今天的课程，请同学们带着以上问题开始新知识的学习。

新课进程（65 分钟）

一、职业道德（讲授法，20 分钟）

（一）什么是职业道德

职业道德是指从事一定职业的人在职业生活中应当遵循的具有职业特征的道德要求和行为准则的总和，它涵盖了从业人员与服务对象、从业人员与职业之间的关系。

核心：为人民服务。体现了“我为人人，人人为我”的人际关系本质。

作用：有利于从业人员自身素质的提升；有利于调节从业人员内部，以及从业人员与服务对象间的关系；有利于维护和提高企业、行业的信誉，促进企业、行业的发展；有利于提高整个社会的道德水平。

（二）职业道德的基本规范

包括爱岗敬业、诚实守信、办事公道、服务群众、奉献社会等。不同职业岗位，因为工作性质、工作对象、工作内容、工作形式、工作环境不同，职业道德规范的内容也会有区别。

常规行业职业道德规范简介如下。

1. 农林类从业人员基本职业道德规范：吃苦耐劳、科学种田、合理利用土地、保护农林资源等。

2. 交通运输类从业人员基本职业道德规范：保障乘客生命财产安全、爱护交通运输工具、吃苦耐劳、热情服务乘客等。

3. 医药卫生类从业人员基本职业道德规范：钻研医术、精心诊治、精心护理、救死扶伤、尽责尽心等。

4. 司法服务类从业人员基本职业道德规范：忠于宪法和法律、坚持司法公正、秉公执法、保持清正廉洁等。

5. 师范教育类从业人员基本职业道德规范：遵从教育方针、关爱学生、尊重学生人格、诲人不倦、因材施教、崇尚科学等。

6. 商贸类从业人员基本职业道德规范：诚实守信、文明经商、保守行业秘密等。

7. 财经类从业人员基本职业道德规范：廉洁自律、信息真实、严守机密等。

8. 旅游类从业人员基本职业道德规范：热情友好、宾客至上、真诚公道、文明礼貌等。

9. 信息技术类从业人员基本职业道德规范：努力钻研、尊重他人智力成果、不以专业技术损害他人利益、遵守互联网道德等。

师问：根据刚才学习的知识，回答前3个问题。

1. 客车司机、民航机长的职业道德规范有哪些？

2. 吴斌、刘传健在发现险情后所做的抉择，分别体现了什么样的职业道德？

3. 你认为是什么支撑他们临危不乱，完成一系列操作的？

【参考回答】

生答1：保障乘客生命财产安全、爱护交通运输工具、吃苦耐劳、热情服务乘客等。

生答2：吴斌、刘传健在发现险情后所做的抉择，体现出了作为客车司机和民航机长的职业道德，还体现出了他们敬畏生命、敬畏规章、敬畏责任的职业精神，以及过硬的专业技术。

生答3：他们平时就时刻牢记自己的职责，注重细节，按照规章流程做事。通过多年的积累，他们拥有了过硬的专业知识和专业技能，具有了职业道德和职业精神，以上这些，支撑他们临危不乱，完成一系列操作。

师引导：不同职业岗位，因为工作性质、工作对象、工作内容、工作形式和工作环境不同，职业道德规范的内容也会有区别。但是，不管是哪个职业、哪种岗位，只要用心尽力，就能够把职业道德规范践行到位，把工作做得很精、很细、很巧，将平凡的工作做得不平凡。

二、养成良好的职业道德（讨论法，15分钟）

职业道德养成是指从事各种职业活动的人员，按照职业道德基本原则和规范，有目的、有计划地培养和训练自己的职业道德行为，使自己形成良好的职业道德品质，达到一定的职业道德境界。

养成良好的职业道德有助于提高职业人的素质，对于谋职就业与职业发展具有重要意义；有助于培养职业人良好的职业观念、职业作风和职业行为习惯；有助于职业人以更好的心态、更大的热情投入工作，做出更大贡献，从而实现人生价值。

师问：良好的职业道德是怎么养成的？

【参考回答】

1. 在日常生活中培养良好的行为习惯。

2. 在学习中提升个人综合素质。

3. 在工作实践中增强职业认同感。

4. 在提升自我修养中提升职业道德品质。

5. 在职业活动中强化职业道德。

三、课堂活动（30 分钟）

（提前 1 周将班级分为 4 个小组，要求学生根据自己的专业，以及对企业和工作岗位的了解，选择将来想从事的行业和岗位。选择一个与行业、岗位相关的任务，制订“21 天习惯养成计划”。）

请每组根据教师讲过的职业道德的内容，结合之前制订的“21 天习惯养成计划”，派 1 名代表分享自己的计划，并回答如下问题。

1. 你们小组选择的将来要从事的这个行业和岗位需要哪些职业道德？

2. 你们选择这个任务的意义是什么？和你们选择的行业和岗位的关系又是什么？

3. 你们 21 天之后还会坚持这个计划吗？会在将来的工作中制订新的“21 天习惯养成计划”吗？

【参考回答】

生答 1：我们学习的专业是数控加工专业，我们小组选择的行业和岗位是机械行业数控车床操作工，因为这个行业和岗位与我们专业相关，我们在毕业前已经学习了基础知识，并且拥有了相应的技能，获得了相应证书，我们在这个行业和岗位中更能发挥擅长的知识和技能。数控车床操作工的职业道德包括按时、保质、保量地完成任务，遵章守纪，恪尽职守，细心谨慎，保证工作场地的整洁，钻研技术，熟悉保养设备，有责任意识，服从调度，团结协作等。

生答 2：我们的“21 天习惯养成计划”选择的是坚持 21 天健身。我们分 3 个阶段进行，最终做到每天晚自习后围着操场跑 4 圈，完成俯卧撑 20 个。我们选择这个任务，是因为我们觉得优秀的数控车床操作工需要强健的体魄来保障完成一天 8 个小时高强度、高操作性的工作。

生答 3：21 天之后，我们就能慢慢将锻炼变为习惯。根据数控车床操作工的岗位要求，我们会再制订新的“21 天计划”，增加一些阅读的任务，或者工作以后根据工作内容增加相关的任务。

其他小组之间可以就上台分享小组的回答进行提问（自愿提问）。两个组可以结对相互点评。教师对每组代表的回答做点评（结合现实情况，就回答内容客观评价，以鼓励为主）。

新课小结（12 分钟）

教师对学生的表现进行评价，在教学活动的各环节关注学生的情感、态度、价值观等并进行即时评价，以鼓励、表扬、肯定为主。挖掘学生的潜能，引导学生进行有效的自我调节并在学习中获得自信，学会合作，促进个性发展。学生课堂评价量表见表1。

表1 学生课堂评价量表

项目	指标	标准	分值	得分
常规项	活跃度	发言次数	10	
	语言表达能力	声音洪亮，表达清晰、完整	20	
	逻辑分析能力	条理清晰，观点明确	20	
	影响力	发言认可度高，活跃气氛	10	
	创新思维	独立思考，大胆提出不同看法	20	
	合作意识	鼓励、督促、协助小组成员完成任务	20	
加分项	小组代表（组长）	被推举或者自荐成为小组长，领导小组讨论。被推举或者自荐成为小组代表，代表小组发言	10	
	小组影响力	在小组讨论中提出建设性意见，对小组任务完成起重要作用	10	
	个人组织力	协助组长协调成员关系，维持纪律	10	
	记录	被推举成者自荐成为小组记录员，记录小组活动过程、人员分工等	10	
总分				
根据总分从高到低排序，按班级人数，前10%为优秀，前20%为良好				

作业布置（3分钟）

预习课本中的“感悟、弘扬、传承工匠精神”，并完成“我了解的能工巧匠”，将答案写在课本上。

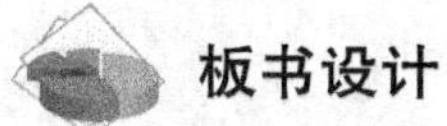

板书设计

第三单元　第二课　培养良好职业道德（一）

一、职业道德

观看视频 ⟹ 提出问题 ⟹ 思考与争鸣

二、养成良好的职业道德

三、总结与评价

四、作业布置

第二课　培养良好职业道德（二）

<table>
<tr><td>教学单元/课</td><td>第三单元　第二课　培养良好职业道德（二）</td><td>课时</td><td colspan="3">2</td></tr>
<tr><td>授课方式</td><td>案例法、讨论法、讲授法</td><td>作业题数</td><td>1</td><td>拟用时间</td><td>90 分钟</td></tr>
<tr><td>教学目的</td><td>1. 课前，将班级分为 4 个小组，要求每组学生以分到的工匠精神内涵为主题，通过查阅资料、上网搜寻等方式整理出所学专业领域内的能工巧匠（参照课本中“我了解的能工巧匠”表格进行整理，不能与课本案例重复）。给每人发 1 张便笺
2. 课中，在《大国工匠》歌曲中引导学生思考、讨论，帮助学生掌握工匠精神的内涵，理解工匠精神的意义。要求每组推荐两名同学作为小组代表：一名代表向同学们分享所搜寻的能工巧匠的精彩故事，另一名代表结合故事或案例，对相应的工匠精神进行概括总结
3. 课后，让学生自学第三课，了解《中华人民共和国劳动法》，为下次课做好准备</td><td>教学资源</td><td colspan="3">PPT 课件</td></tr>
<tr><td>教学重点</td><td>课中，引导学生掌握工匠精神的内涵，理解工匠精神的意义</td><td>教学难点</td><td colspan="3">帮助学生养成好习惯，将工匠精神融入日常行为中</td></tr>
<tr><td>说明</td><td colspan="5">学习本课有助于提高学生的综合素质，对学生谋求职业与职业发展具有重要意义</td></tr>
</table>

【课前准备】

1. 提前 1 周将班级分为 4 个小组，每组以分到的工匠精神内涵为主题，通过查阅资料、上网搜寻等方式有针对性地找出所学专业领域内的能工巧匠，整理能工巧匠的精彩故事（参照课本中“我了解的能工巧匠”表格进行收集整理，不能与课本案例重复。）

2. 上课前给每人发 1 张便笺。

新课导入（10 分钟）

播放歌曲《大国工匠》，歌曲展现了大国工匠精益求精、追求卓越的职业品质，以及执着专注、一丝不苟的精神风貌。

师问：现在请大家闭上眼睛，在乐曲中想一想自己在做事情的时候是否注重细节，追求完美，不惜花费时间精力反复改进？是否能做到一丝不苟地对待学习和训练，严格遵守学校规范制度和实训标准，不投机取巧、不寻求捷径、不敷衍了事？是否专注于自己所学的知识，有端正的学习态度，学习时保持耐心、恒心和专注？（不需要学生回答，让学生在听歌曲时叩问心灵。）

新课进程（65 分钟）

一、何为工匠精神（讲授法，5 分钟）

（一）工匠精神的提出

2016 年，“工匠精神”一词首次出现在《政府工作报告》中，引起社会广泛关注与共鸣。

（二）工匠精神的内涵

1. 执着专注。
2. 精益求精。
3. 一丝不苟。
4. 追求卓越。

二、课堂活动（30 分钟）

（4 个小组根据每组分到的主题，推荐两名同学作为小组代表：一名代表向同学们分享所搜寻的能工巧匠的精彩故事，分享时可以参照“我了解的能工巧匠”表格进行表述；另一名代表结合故事或案例，对相应的工匠精神进行概括总结。）

（一）执着专注

第一组学生代表 1 进行故事分享，学生代表 2 结合故事进行概括总结。（教师进行引导）

（二）精益求精

第二组学生代表 1 进行故事分享，学生代表 2 结合故事进行概括总结。（教师进行引导）

（三）一丝不苟

第三组学生代表 1 进行故事分享，学生代表 2 结合故事进行概括总结。（教师进行引导）

（四）追求卓越

第四组学生代表 1 进行故事分享，学生代表 2 结合故事进行概括总结。（教师进行引导）

教师点评总结（根据学生的分享总结进行客观点评，以鼓励引导为主）：

党的十九大报告提出，建设知识型、技能型、创新型劳动者大军，弘扬劳模精神和工匠精神，营造劳动光荣的社会风尚和精益求精的敬业风气。工匠精神不仅是制造业从业人员的坚守，也是各行各业从业人员的不懈追求。

三、如何践行工匠精神（案例法，20 分钟）

古代的匠人一生只专注一件事，对每一个步骤、每一道工序都精益求精、一丝不苟、踏实专注，这是工匠精神的体现。那么，现代人又是如何践行工匠精神的呢？

有人说："方文墨不是在上班，就是在上班的路上；不是在书店，就是在去书店的路上。"有同事不解地说："大墨，别装了，咱再怎么练不也就是个工人吗？"方文墨总是认真地说："我就是当工人的料，但我要当最好的工人，做中国最好的钳工。"他一年换了 200 多把锉刀，有几次居然生生把锉刀给练断了。他通过自己不懈的努力，完成了专科和本科的学业。他购买了 400 余本专业书籍，整理了 20 余万字的钳工技术资料。在实现梦想的过程中，方文墨自强不息、不断追求，25 岁就成了高级技师，拿到了钳工最高级别的职业资格证书；26 岁，他参加了全国青年职业技能大赛，夺得机修钳工冠军；29 岁，他成了中航工业的首席技能专家。可以说，他用双手创造了一个用自己名字命名的加工精度——文墨精度。

观看《方文墨的匠心人生》后回答：如何践行工匠精神？

【参考回答】

1. 爱上自己的工作。工匠精神源于哪里？表面上可以理解为源自认真、专注，其实追根溯源它应该源于一个字——爱。工匠精神的核心应该是爱的传承。热爱生活的人才会专注工作，才会精益求精，才会追求完美，才会一丝不苟，才会做出精品。三百六十行，行行出状元。做一行就要爱一行，培养工匠精神就要从爱上自己的第一份工作开始。

2. 愿意拥抱变化。从工业时代到互联网时代再到现在的大数据时代，我们处在一个剧烈变化的时代当中，技术发展日新月异，这要求我们必须拥抱变化、持续学习、追求创新。只有在继承基础上创新，才能跟上时代前进的步伐，推动产品的升级换代，满足社会发展和人们日益增长的对美好生活的需要。因此，我们除了要努力学习本专业所必需的知识、技能外，还应掌握相关领域的知识，拓宽专业知识面。只有持续学习的工匠，才会立于不败之地。

3. 做好每个环节。对工匠来说，产品的品质只有更好，没有最好。那么，如何做到这一点呢？我们可以在做每一件事时，尽可能将每一个环节数据化。在解决具体问题时，可采用“5W2H”的方法进行分析：（what）要做的是什么？（why）为什么这件事是必须要做的？（where）在哪里做这件事？（when）什么时间做？各阶段的时间顺序是什么？（who）谁来做这件事？（how）如何做？最好的方法是什么？（how much）做到什么程度？

4. 养成良好习惯。

（1）养成守时习惯。学会合理分配时间，对于要办的事情要立刻去做，只有把思想转化为行动，才有可能实现目标。同时，遵循要事第一的原则，对事情的轻重缓急进行分类，先做重要且紧急的事情。

（2）树立成本意识。工匠除了要有精湛的手艺外，还必须能够在满足客户需求的基础上给公司带来效益。有成本意识的工匠会极力减少工作中的浪费现象，从而赢得企业的认可。

（3）学会现场管理。如何管理好工作现场是区分工匠水平高低的重要标志，我们可以学习现场管理的5S法则，即整理、整顿、清扫、清洁、素养。

四、互动游戏（10分钟）

1. 聆听巨匠们的声音。

（1）独当一面。

（2）根据用户不同的需求进行创新。

（3）对自己的手艺，要有超乎寻常甚至近乎疯狂的追求。

（4）对自己从事的行业充满敬畏感。

（5）一辈子只干一件事儿。

（6）有文化功底，有点儿绝活儿。

（7）不放弃、不改变初心。

（8）坚持不懈。

（9）认可自己的身份。

2. 在课前发下的便笺上“发出你的声音”，比如，我要坚持____________，努力做到____________。(写后可大声念出来)

师总结：当前，我国正处在从工业大国向工业强国迈进的关键时期，弘扬工匠精神对于建设工业强国具有重要意义，也是展示中国形象、中国实力，乃至实现中国梦的需要。

新课小结（12 分钟）

教师对学生的表现进行评价，在教学活动的各环节关注学生的情感、态度、价值观等并进行即时评价，以鼓励、表扬、肯定为主。挖掘学生的潜能，引导学生进行有效的自我调节并在学习中获得自信，学会合作，促进个性发展。学生课堂评价量表见表 1。

表 1　学生课堂评价量表

项目	指标	标准	分值	得分
常规项	活跃度	发言次数	10	
	语言表达能力	声音洪亮，表达清晰、完整	20	
	逻辑分析能力	条理清晰，观点明确	20	
	影响力	发言认可度高，活跃气氛	10	
	创新思维	独立思考，大胆提出不同看法	20	
	合作意识	鼓励、督促、协助小组成员完成任务	20	
加分项	小组代表（组长）	被推举或者自荐成为小组长，领导小组讨论。被推举或自荐成为小组代表，代表小组发言	10	
	小组影响力	在小组讨论中提出建设性意见，对小组任务完成起重要作用	10	
	具人组织力	协助组长协调成员关系，维持纪律	10	
	记录	被推举或者自荐成为小组记录员，记录小组活动过程、人员分工等	10	
总分				
根据总分从高到低排序，按班级人数，前 10% 为优秀，前 20% 为良好				

作业布置（3 分钟）

预习课本中的“了解劳动法”。结合所学专业，设计一个实训项目中需解决的重要问题并运用“5W2H”方法进行分析。

板书设计

第三单元　第二课　培养良好职业道德（二）

一、何为工匠精神（重点）

分享案例 ⟹ 讨论思考 ⟹ 概括总结

二、如何践行工匠精神（难点）

1. 爱上自己的工作。
2. 愿意拥抱变化。
3. 做好每个环节。
4. 养成良好习惯。

三、发出你的声音

四、总结与评价

五、作业布置

第三课　保护合法就业权益（一）

<table>
<tr><td>教学单元/课</td><td>第三单元　第三课　保护合法就业权益（一）</td><td>课时</td><td colspan="3">2</td></tr>
<tr><td>授课方式</td><td>讲授法、案例法、讨论法</td><td>作业题数</td><td>2</td><td>拟用时间</td><td>90 分钟</td></tr>
<tr><td>教学目的</td><td>1. 课前，让学生通过预习课本翻转课堂，初步了解劳动者的权益，并在课堂上进行讨论
2. 课中，让学生通过案例讨论和头脑风暴，了解劳动者的主要权益
3. 课后，让学生预习课本内容，为下次课预热</td><td>教学资源</td><td colspan="3">PPT 课件</td></tr>
<tr><td>教学重点</td><td>课中，通过案例讨论和头脑风暴，使学生了解劳动者的主要权益</td><td>教学难点</td><td colspan="3">使学生了解劳动者的主要权益</td></tr>
<tr><td>说明</td><td colspan="5">在教授劳动法的主要内容和劳动者的主要权益时注意方式、方法</td></tr>
</table>

新课导入（讨论法，15 分钟）

【案例讨论】王倩应该被裁吗？

王倩是上海某技校医药专业的一名毕业生，毕业后如愿进入一家医药公司工作。2018 年 2 月，她所在的公司因经济效益不佳准备裁员。王倩 2018 年 1 月生育，待其于同年 4 月休完产假回单位后，却被告知被裁员了。

师问：王倩应该被裁员吗？为什么？请找到相关法律依据。

生答：不应该。《女职工劳动保护特别规定》第 7 条规定，女职工生育享受 98 天产假，其中产前可以休假 15 天；难产的，增加产假 15 天；生育多胞胎的，每多生育 1 个婴儿，增加产假 15 天。

师问：毕业后，你认为你的就业权利有哪些？

生答：毕业后就业权利包括就业信息知情权、接受就业指导权、平等就业权、就业选择自主权、违约求偿权、取得劳动报酬权、休息休假权、获得劳动安全卫生保护的权利、接受职业技能培训的权利、享受社会保险和福利的权利等。

师问：你认为现在社会上存在就业歧视吗？如果有，具体有哪些？

生答：现在还存在少数就业歧视现象，例如，有的公司只要男生不要女生，有的公司年龄大的不要，有的公司还不要外地的。

师问：如果你是女生，遇到和王倩类似的情况，你该怎么做？如果你是男生，你周围有女生遇到和王倩类似的情况，向你求助，你会给出什么建议？

生答：如果是我，我会先和企业沟通，无果的话，就申请仲裁。如果有女生向我求助，我会帮她分析这件事，找到相关法律依据，为她提供法律方面的建议。

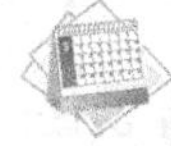

新课进程（70 分钟）

一、劳动法的基本内容（讲授法+讨论法，20 分钟）

【查一查】

师问：请同学们上网查一查《中华人民共和国劳动法》（以下简称《劳动法》）的修订历程，以及最新的《劳动法》内容，说一说劳动者都有哪些权利和义务。

学生查询最新的《劳动法》的内容，列举其中关于劳动者权利和义务的规定。

教师点评学生的观点。引出新知识。

【知识讲解】

劳动者的基本权利如下。

1. 平等就业和选择职业的权利。
2. 取得劳动报酬的权利。
3. 休息休假的权利。
4. 获得劳动安全卫生保护的权利。
5. 接受职业技能培训的权利。
6. 享受社会保险和福利的权利。
7. 提请劳动争议处理的权利。
8. 法律规定的其他劳动权利。

劳动者应尽的义务如下。

1. 完成劳动任务。
2. 提高职业技能。
3. 执行劳动安全卫生规程。
4. 遵守劳动纪律和职业道德。

【议一议】

师问：“五险一金”一个也不能少！这是某技师学院向用人单位提出的录用本校毕业生的必备条件。你是怎么理解的？

生答："五险一金"是劳动者依法应享有的权益，用人单位应为劳动者缴纳。所以，学校向用人单位提出的这个条件是合理的，是维护毕业生合法权益的。

师问：没错。从保护劳动者合法权益的角度来说，这是非常有必要的。下面我们一起看看劳动者享有的主要权益有哪些。

二、劳动者的主要权益（讲授法+讨论法+案例法，50 分钟）

（一）人身权

严禁用人单位殴打、侮辱、体罚劳动者和对劳动者进行搜身。用人单位不得以任何理由扣押劳动者的居民身份证、暂住证。

【请你断案】

2020 年 5 月 25 日 20 时 30 分，毕节市公安局七星关分局碧阳派出所接到某装饰有限公司员工李某（女）报案，李某称自己及其他员工因未完成工作目标被公司体罚。

接到报警后，碧阳派出所迅速开展调查，经查：位于毕节市七星关区的某装饰有限公司为了提升公司业绩，对未完成工作目标的员工进行惩罚。自 5 月 4 日以来，该公司先后有多名未完成工作目标的员工受到惩罚，如被罚喝生鸡蛋、做深蹲、做俯卧撑、扫厕所等。5 月 25 日，未完成工作目标的员工李某被公司罚吃蚯蚓，李某因不愿意吃蚯蚓改为罚款 500 元。

师问：文中提到的装饰有限公司的做法合法吗？为什么？

生答：不合法。该公司违反了《劳动法》的规定。

师问：根据《劳动法》第 96 条的规定，公安机关依法对该公司责任人员曹某某、冷某某分别处以行政拘留 5 日的处罚。当你遇到类似情况，你会怎么做？

生答：拿起法律武器，维护自己的合法权益。

（二）平等就业权

劳动者就业，不因民族、种族、性别、宗教信仰不同而受歧视。

【请你断案】

宁某看到某公司在网上发布的招聘公告后报名参加招聘。该公司在招聘条件中添加了一项个性化条件，要求女性报考人员的身高不低于 157 厘米。宁某在进行资格初审时填报的身高为 160 厘米，她参加了笔试、面试，均取得第一名的好成绩。在双方正式签订劳动合同之前，因竞争者举报宁某实际身高未达到设定的条件，该公司将拟聘考生召集到办公室重测身高，宁某此次身高测量结果仅为 155 厘米。该公司以书面形式向宁某发出身高复查通知，要求宁某到公司指定的权威医院进行身高复测，但宁某未参加复测。公司即以宁某身高未达到设定条件为由拒绝与宁某签订劳动合同。宁某认为，公司设定的身高要求侵犯其个人权益，遂诉至法院，要求公司与其签订劳动合同。

师问：上述案例中，公司的规定是否侵犯员工的合法权益？为什么？

生答：公司规定侵犯了员工的合法权益。《劳动法》规定，劳动者就业，不因民族、种族、性别、宗教信仰不同而受歧视。

（三）报酬权

1. 按月取酬

用人单位一般应按月向劳动者支付劳动报酬。

2. 最低报酬

不得低于当地最低工资标准。

3. 加班工资

支付标准：平时加班，加班费应不低于正常工作时间工资的150%，休息日加班又不安排补休的，加班费应不低于正常工作时间工资的200%，法定休假日加班，加班费应不低于正常工作时间工资的300%。

（四）休息休假权

国家实行劳动者每日工作时间不超过8小时、平均每周工作时间不超过44小时的工时制度，用人单位应当保证劳动者每周至少休息1天。《劳动法》还对劳动者享有的休假等方面的权益做了规定。

【请你断案】

林某是某宾馆服务员，该宾馆规定服务员每天工作5.5小时，没有休息日。林某因丈夫长期卧病在床，要求每周休息1天，在家处理家务，宾馆未批准，理由是服务员每天工作仅5.5小时，即使不安排休息日，每周工作也不足40小时，没有违反国家有关法律法规，林某可用每天下班后的时间来处理家务。

师问：宾馆的做法是否合法？为什么？

生答1：不违法。因为林某每天工作时间不超过8小时，每周工作时间也不超过44小时。

生答2：违法。宾馆没有为林某安排每周一天的休息时间。

师问：其实，按照《劳动法》第38条的规定，不管用人单位让劳动者每天工作几个小时，都应当保证劳动者在一周内至少要有1天的休息时间。宾馆不安排服务员每周1天的休息时间，属于违法行为。

（五）劳动安全卫生权

用人单位必须为劳动者提供符合国家规定的劳动安全卫生条件和必要的劳动防护用品，对从事有职业危害作业的劳动者应当定期进行健康检查。

从事特种作业的劳动者必须经过专门培训并取得特种作业资格。

劳动者在劳动过程中必须严格遵守安全操作规程。劳动者对用人单位管理人员违章指挥、强令冒险作业，有权拒绝执行；对危害生命安全和身体健康的行为，有权提出批评、检举和控告。

【案例学习】

马某与某煤业公司签订了劳动合同，合同规定，在合同期间发生意外事故，无论什么原因，公司概不负责。两个月后，矿井大面积坍塌，马某受重伤。马某家属要求公司支付医疗费，但公司以合同规定为由，拒不支付医疗费。马某及其家属诉诸法院，法院裁定该合同有关意外事故造成人员伤亡概不负责的约定是违法的，公司应当支付马某全部医疗费并给予适当的生活补助。

案例分析：按照《劳动法》第 54 条的规定，用人单位必须为劳动者提供符合国家规定的劳动安全卫生条件和必要的劳动防护用品，对从事有职业危害作业的劳动者应当定期进行健康检查。

（六）享受社会保险和福利权

根据《劳动法》规定，用人单位和劳动者必须依法参加社会保险，缴纳社会保险费。

【案例学习】

吴某于 2018 年 6 月 2 日进入某水泥厂工作，双方约定吴某为非全日制工，每日工作半天，每周工作不超过 24 小时，并约定工资标准为 18 元/小时，该厂为吴某缴纳工伤保险费。2018 年 7 月 14 日，吴某在该厂工作时不慎砸伤左手食指，后于 2018 年 9 月 3 日被认定为工伤，于 2019 年 3 月 12 日被鉴定为工伤十级。后来，双方因用人单位支付的工伤待遇产生争议，吴某向仲裁委提请仲裁，要求水泥厂支付一次性伤残就业补助金、停工留薪期工资。仲裁委审理后裁决水泥厂支付吴某两项合计 23 877 元。

按照现有法律规定，工伤保险是国家强制用人单位为非全日制从业人员缴纳的社会保险，且是一项在多重劳动关系（包括全日制和非全日制）下也可多重缴纳的社会保险，目的就是最大限度地分散用人单位的用工风险，保护劳动者权益。

（七）其他权利

劳动者有接受职业技能培训的权利；劳动者有提请劳动争议处理的权利；劳动者有依法参加和组织工会的权利。

新课小结（3 分钟）

师问：请大家回忆一下，本次课我们主要学习了什么？

生答：学习了《劳动法》的基本内容，包括劳动者的基本权利、劳动者应尽的义务等。同时，还了解了劳动者的主要权益，包括人身权、平等就业权、报酬权、休息休假权、劳动安全卫生权、享受社会保险和福利权，以及其他权利等。

作业布置（2分钟）

1. 结合所学知识，制作一份关于劳动者权益的手册。
2. 预习课本中的“劳动合同”和“劳动争议的处理”。

板书设计

第三单元　第三课　保护合法就业权益（一）

一、劳动法的基本内容

（一）劳动者的基本权利

（二）劳动者应尽的义务

二、劳动者的主要权益（重点、难点）

（一）人身权

（二）平等就业权

（三）报酬权

（四）休息休假权

（五）劳动安全卫生权

（六）享受社会保险和福利权

（七）其他权利

第三课 保护合法就业权益（二）

<table>
<tr><td>教学单元/课</td><td>第三单元 第三课 保护合法就业权益（二）</td><td>课时</td><td colspan="3">2</td></tr>
<tr><td>授课方式</td><td>案例法、演示法、讨论法、讲授法</td><td>作业题数</td><td>1</td><td>拟用时间</td><td>90分钟</td></tr>
<tr><td>教学目的</td><td>1. 课前，让学生通过预习课本，了解劳动合同的相关知识
2. 课中，让学生通过案例讨论和小组讨论，能够掌握劳动合同的有关知识，学会签订劳动合同，以及正确处理劳动争议
3. 课后，让学生尝试拟写一份劳动合同</td><td>教学资源</td><td colspan="3">PPT课件</td></tr>
<tr><td>教学重点</td><td>课中，通过案例讨论和小组讨论，使学生能够掌握劳动合同的有关知识，学会签订劳动合同</td><td>教学难点</td><td colspan="3">使学生正确认识、处理劳动争议</td></tr>
<tr><td>说明</td><td colspan="5">引导学生掌握劳动合同的有关知识，学会签订劳动合同；正确认识劳动争议，学会通过劳动仲裁等方式维护自身合法权益</td></tr>
</table>

新课导入（讨论法，13分钟）

【案例讨论】签订劳动合同的必要性

2017年1月21日，吴某进入某医院工作，职务为营养师，双方未签订书面劳动合同。后来，该医院解除与吴某的劳动关系。吴某向其所在区仲裁委申请仲裁，请求医院支付未签订劳动合同期间工资的双倍16 518元以及赔偿金。仲裁委认为吴某提供的证据不能有效证明其与医院之间存在劳动关系，故对吴某的诉求不予支持。吴某对此不服，于2018年2月4日向所在区法院提起诉讼，要求医院支付未签订劳动合同期间工资的双倍16 518元以及赔偿金。

根据《中华人民共和国劳动合同法》规定，用人单位自用工之日起即与劳动者建立劳动关系。建立劳动关系，应当订立书面劳动合同。已建立劳动关系，未同时订立书面劳动合同的，应当自用工之日起1个月内订立书面劳动合同。用人单位自用工之日起超过1个月不满1年未与劳动者订立书面劳动合同的，应当向劳动者每月支付2倍的工资。本案中，被告医院未与原告签订劳动合同，后又主动解除了劳动关系，应当向原告每月支付2倍的工资以及赔偿金。

师问：从案例中，你能得到什么启发？

生答：劳动合同起到保护劳动者合法权益的作用，真的很重要。劳动者要及时和用人单位签订书面劳动合同。

师问：什么是劳动合同？劳动合同如何签订？又怎么变更、解除？带着问题，我们一起了解劳动合同。

新课进程（70分钟）

一、劳动合同（讲授法+讨论法+案例法+演示法，45分钟）

教师给每组展示1份劳动合同的文本。要求每组列举劳动合同的主要内容。

学生阅读劳动合同文本，了解劳动合同框架，有一个直观感受；分组列举劳动合同的内容。

教师点评各组所列举的内容。引出下面劳动合同的内容。

（一）劳动合同的内容

1. 用人单位的名称、住所和法定代表人或者主要负责人。
2. 劳动者的姓名、住址和居民身份证或者其他有效身份证件号码。
3. 劳动合同期限。
4. 工作内容和工作地点。
5. 工作时间和休息休假。
6. 劳动报酬。
7. 社会保险。
8. 劳动保护、劳动条件和职业危害防护。
9. 法律、法规规定应当纳入劳动合同的其他事项。

【拓展阅读】劳动合同的类型

根据《中华人民共和国劳动合同法》第12条规定，劳动合同分为固定期限劳动合同、无固定期限劳动合同和以完成一定工作任务为期限的劳动合同。

1. 固定期限劳动合同。它是指用人单位与劳动者签订的有一定期限的劳动合同。合同期届满，双方当事人的劳动法律关系即行终止。如果双方同意，还可以续订合同，延长期限。

2. 无固定期限劳动合同。它是指用人单位与劳动者签订的，没有期限规定的劳动合同。劳动者在参加工作后，长期在一个用人单位内从事生产或工作，用人单位也不得无故辞退。这种合同一般适用于技术性较强，需要持续进行工作的岗位。《中华人民共和国劳动合同法》为了充分保护劳动者的合法权益，特别规定劳动者在同一用人单位连续工作满 10 年以上，或者已与用人单位连续订立 2 次固定期限劳动合同且工作正常的，除劳动者提出订立固定期限劳动合同外，应当订立无固定期限劳动合同。

3. 以完成一定工作任务为期限的劳动合同。它是指用人单位与劳动者约定以某项工作的完成为合同期限的劳动合同。合同双方当事人在合同存续期间建立劳动法律关系，劳动者加入劳动单位，遵守劳动单位内部规则。

（二）劳动合同的签订

1. 劳动合同签订的原则

合法、公平、平等自愿、协商一致、诚实守信。

根据《中华人民共和国劳动合同法》第 26 条规定，下列劳动合同无效或者部分无效：

（1）以欺诈、胁迫的手段或者乘人之危，使对方在违背真实意思的情况下订立或者变更劳动合同的。

（2）用人单位免除自己的法定责任、排除劳动者权利的。

（3）违反法律、行政法规强制性规定的。

2. 劳动合同的签订时间

根据《中华人民共和国劳动合同法》规定，用人单位自用工之日起即与劳动者建立劳动关系。已建立劳动关系，未同时订立书面劳动合同的，应当自用工之日起 1 个月内订立书面劳动合同。用人单位与劳动者在用工前订立劳动合同的，劳动关系自用工之日起建立。

用人单位自用工之日起超过 1 个月不满 1 年未与劳动者订立书面劳动合同的，应当向劳动者每月支付 2 倍的工资。

用人单位自用工之日起满 1 年不与劳动者订立书面劳动合同的，视为用人单位与劳动者已订立无固定期限劳动合同。

3. 签订劳动合同应注意的事项

（1）签订劳动合同之前，要认真学习法律法规，了解关于试用期、劳动报酬及发放时间、劳动时间、劳动保险、劳动安全卫生、女职工特殊保护等的法律法规。

（2）签订劳动合同之前，要对用人单位进行全面考察。

（3）签订劳动合同之前，要仔细研读劳动合同文本中的条款，如果有遗漏可要求补充，以免发生侵犯劳动者合法权益的事件，产生劳动争议。

【请你断案】

山西某技校毕业生小李等10人毕业后被某化工厂录用，但该厂因种种理由一直未与小李等人签订劳动合同，直到工作3个月后，厂方迫于压力才与这些员工签了为期3年的劳动合同。但是，细心的小李发现劳动合同书中的起始日期被推迟了3个月，也就是说，他们之前干的3个月没有计入合同期。于是，他找到厂领导询问，厂领导解释说："劳动关系是从签订劳动合同后才建立的，从法律上讲，没有签订劳动合同就不能说你跟厂里有劳动关系。"小李听了这番话后半信半疑："难道我之前工作3个月的劳动关系都不存在了吗？"

师问：请问此案例中，化工厂有无违反《中华人民共和国劳动合同法》？为什么？

生答：违反了。根据《中华人民共和国劳动合同法》规定，用人单位自用工之日起即与劳动者建立劳动关系。已建立劳动关系，未同时订立书面劳动合同的，应当自用工之日起1个月内订立书面劳动合同。

（三）劳动合同的变更、解除

1. 劳动合同变更的条件

用人单位与劳动者协商一致，可以变更劳动合同约定的内容。变更劳动合同，应当采用书面形式。

2. 劳动者提出解除合同的条件

劳动者由于主观原因，不愿在用人单位继续工作，应提前30日（在试用期内提前3日）以书面形式通知用人单位，可以解除劳动合同。

3. 用人单位提出解除合同的条件

劳动者有下列情形之一的，用人单位可以解除劳动合同（过失性辞退）。

（1）在试用期间被证明不符合录用条件的。

（2）严重违反用人单位的规章制度的。

（3）严重失职，营私舞弊，给用人单位造成重大损害的。

（4）劳动者同时与其他用人单位建立劳动关系，对完成本单位的工作任务造成严重影响，或者经用人单位提出，拒不改正的。

（5）因以欺诈、胁迫的手段或者乘人之危，使对方在违背真实意思的情况下订立或者变更劳动合同，致使劳动合同无效的。

（6）被依法追究刑事责任的。

【请你断案】

王某为广州某物业管理公司（以下简称物业公司）员工。2019年5月19日，物业公司以王某私下制作手指模，交由其他同事代其打卡，严重违反了公司规章制度为由，解除了与王某的劳动关系。王某以物业公司违法解除劳动关系为由，提起劳动仲裁。

仲裁委以物业公司未能提供充分证据证实其解除劳动关系的合法性为由，支持了王某的主张。

物业公司提起一审诉讼。诉讼中，物业公司提交了员工手册、保证书、员工个人行为责任保证书、指纹打卡记录、视频光盘、证人证言等。指纹打卡记录显示王某5月8日、9日、10日均有打卡记录，但是监控视频中对应的时间点未显示王某出现，而是显示他人在进行指纹打卡。二审时，物业公司提交了王某5月8日至5月10日的微信朋友圈截图，该段时间内王某朋友圈内容为某旅游景点的视频及图片，地点定位为上述地址。经当庭核对王某手机，公司所提交的截图与王某的朋友圈记录一致。

教师要求学生分组讨论物业公司做法是否符合法律规定。为什么？

学生分组讨论，说出小组观点。

教师点评小组表现。分享判决结果和法官说法。

判决结果：一审判决物业公司向王某支付赔偿金。二审判决物业公司无须向王某支付赔偿金。

法官说法：因用人单位作出的开除、除名、辞退、解除劳动合同、减少劳动报酬、计算劳动者工作年限等决定而发生的劳动争议，用人单位负举证责任。

本案中，用人单位之所以在仲裁、一审中均败诉主要是因为证据不足。用人单位在诉讼过程中不断增补证据，法院最终认定用人单位所提交的证据达到了高度盖然性的标准，从而采纳了用人单位的主张，对本案予以改判。

有下列情形之一的，用人单位提前30日以书面形式通知劳动者本人或者额外支付劳动者1个月工资后，可以解除劳动合同（无过失性辞退）。

(1) 劳动者患病或者非因工负伤，在规定的医疗期满后不能从事原工作，也不能从事由用人单位另行安排的工作的。

(2) 劳动者不能胜任工作，经过培训或者调整工作岗位，仍不能胜任工作的。

(3) 劳动合同订立时所依据的客观情况发生重大变化，致使劳动合同无法履行，经用人单位与劳动者协商，未能就变更劳动合同内容达成协议的。

【请你断案】

小王从技校毕业后，进入某电器商场负责商品售后工作。小王负责维修的产品返工数量居多，而且经常遭到客户投诉。商场行政部门遂将小王调到商场做销售，但1个月下来电器没有卖出几台，客户倒是得罪了不少。最后，商场行政部门与小王解除了劳动合同。

师问：商场解除与小王劳动合同的行为合法吗？为什么？

生答：合法。根据《中华人民共和国劳动合同法》第40条第2款规定，劳动者不能胜任工作，经过培训或者调整工作岗位，仍不能胜任工作的，用人单位提前30日以书面形式通知劳动者本人或者额外支付劳动者 1 个月工资后，可以解除劳动合同。

教师点评学生观点，引出新的内容。

4. 用人单位不得解除劳动合同的条件

根据《中华人民共和国劳动合同法》第 42 条规定，劳动者有下列情形之一的，用人单位不得依照第 40 条、第 41 条的规定解除劳动合同。

（1）从事接触职业病危害作业的劳动者未进行离岗前职业健康检查，或者疑似职业病病人在诊断或者医学观察期间的。

（2）在本单位患职业病或者因工负伤并被确认丧失或者部分丧失劳动能力的。

（3）患病或者非因工负伤，在规定的医疗期内的。

（4）女职工在孕期、产期、哺乳期的。

（5）在本单位连续工作满 15 年，且距法定退休年龄不足 5 年的。

（6）法律、行政法规规定的其他情形。

【请你断案】

2013 年 4 月，杨某入职某科技公司，双方签订了书面劳动合同。2018 年初，杨某怀孕。2018 年 10 月 20 日，科技公司向杨某发出“辞退通知书”，告知杨某：因公司资金周转紧张，经营存在困难，现提前与你解除劳动合同关系，公司会按照相关规定办理相关离职手续。

同日，公司出具“离职证明”，载明：兹证明杨某原系我公司点卡事业部职员，在职时间为 2013 年 4 月 12 日至 2018 年 10 月 20 日，因个人原因提出离职，签订的劳动合同已于 2018 年 10 月 20 日依法解除。

杨某于 2018 年 12 月生育一孩。双方发生争议后，杨某主张公司支付其违法解除劳动合同赔偿金及孕期、产期和哺乳期待遇等。

师问：某科技公司以经营困难为理由辞退杨某是否合法？杨某的主张是否会得到法院的支持？为什么？

生答：不合法。会得到法院支持。因为根据《中华人民共和国劳动合同法》规定，女职工在孕期、产期、哺乳期的，用人单位不能随意解除合同。

法院一审判决：科技公司向杨某支付违法解除劳动合同赔偿金约 51 565 元、产假工资损失 25 239 元，以及哺乳期工资损失 11 544 元等。双方均未提出上诉。

教师点评学生的观点，分享法官观点：企业生产经营发生严重困难的，虽然可以裁员，但如果女职工在孕期、产期或哺乳期，不应在被裁减人员的范围内。

本案中，公司主张因生产经营发生严重困难解除双方的劳动关系，但未能举证证实存在经营困难，也未举证证实其已履行向工会或全体员工说明情况及向行政部门报告的法定程序，故其辞退行为应被认定为违法解除劳动合同，应向杨某支付违法解除劳动合同的赔偿金。同时，因科技公司的违法解除行为，导致杨某产生生产期与哺乳期的工资损失，科技公司也应予以赔偿。

二、劳动争议的处理（讲授法+讨论法+案例法，25 分钟）

（一）协商

劳动争议发生后，双方当事人可以先直接协商。职工一方当事人可以由本人或者请求本单位工会帮助自己与用人单位当事人进行协商，以保障自己的劳动权利。

（二）调解

双方当事人可以向本单位劳动争议调解委员会申请调解，经调解达成协议的，制作调解协议书，双方当事人应当自觉履行；调解不成的，当事人在规定的期限内可向劳动争议仲裁委员会申请仲裁。

（三）仲裁

劳动争议申请仲裁的时效期间为一年。仲裁时效期间从当事人知道或者应当知道其权利被侵害之日起计算。

劳动关系存续期间因拖欠劳动报酬发生争议的，劳动者申请仲裁不受仲裁时效期间的限制；但是，劳动关系终止的，应当自劳动关系终止之日起 1 年内提出。

当事人申请劳动争议仲裁后，仍可以自行和解。

（四）诉讼

劳动者对劳动仲裁裁决不服时，可以在收到仲裁裁决书之日起 15 日内向人民法院提起诉讼。

因用人单位作出的开除、除名、辞退、解除劳动合同、减少劳动报酬、计算劳动者工作年限等决定而发生的劳动争议，用人单位负举证责任。

【请你断案】

广东某技校毕业生小白进入某公司工作后，公司没把双方签订的劳动合同交小白留存。有一天，小白在车间操作数控折弯机时切中左手 3 根手指，造成手指不同程度的折断。副经理王某与会计张某将他送往医院，王某在病历“填写人”处留下其姓名、电话号码。事后，小白向公司申请办理工伤认定手续，但公司置之不理。无奈之下，小白起诉要求确认其与该公司存在劳动关系，被公司当庭否认。

师问：小白和公司之间是否存在劳动关系？为什么？

生答：存在。第一，在公司车间受的伤。第二，是副经理王某和会计张某送他去的医院。

教师点评学生观点。分享法官说法如下。

其一，病历记载小白受伤原因为“折弯机伤”，而该公司确有数控折弯机设备，在病历上签名的王某在庭上承认担任公司副经理。其二，法官前往该公司调查，小白指认送他就医的会计张某，王某也确认此人为张某。张某拒绝回答法院询问，应由该公司承担不利后果。其三，小白的陈述与法院实地调查结果相符。结合小白年龄较小、缺乏留存证据意识、举证能力有限以及行业用工现状，法官认为上述几方面已形成证据链，可证实小白是在该公司工作时受伤，从而证实双方存在劳动关系。

因无书面劳动合同、社会保险缴纳记录等直接证实劳动关系的证据，在工伤类劳动争议案中，用人单位一旦没缴社保，就有可能会否认伤者是本单位的员工。由于双方举证能力不对等，部分劳动者会因举证不能而败诉。因此，劳动者要加强证据留存意识和权益维护意识，用人单位亦应秉承诚信原则，着眼于长远发展。

新课小结（5 分钟）

师问：请大家回忆一下，本次课我们主要学习了什么？

生答：了解了涉及劳动合同的相关知识，包括劳动合同的内容，劳动合同的签订、变更、解除；另外，了解了劳动争议的处理方法，即协商、调解、仲裁、诉讼。

作业布置（2 分钟）

结合自身所学的专业知识，所掌握的劳动法规、政策和今后的工作意向，拟写一份劳动合同。

板书设计

第三单元　第三课　保护合法就业权益（二）

一、劳动合同

劳动合同的内容（重点）
劳动合同的签订（重点）
劳动合同的变更、解除

二、劳动争议的处理（难点）

协商
调解
仲裁
诉讼